ACADEMIA SOCIETY　杉田 米行 監修　NO.6

社会保障の源流を探る

教典に描かれた貧困観と貧困への対応

増山 道康 著

大学教育出版

はじめに

筆者の育った家庭は、父は熱心なクリスチャンであったが、母はほとんど宗教に関心を持っていなかった。祖母（父の母）は、仏教や神道の伝統行事を好み、しばしば、神社仏閣へ筆者を伴ってお参りしていた。こうした環境の中で、自然に聖書にも経典にも親しむようになっていった。高校生の時に不思議な本を読んだ。浄土真宗の僧からキリスト教の牧師になった人が書いたもので、親鸞の教えは、キリスト教そのものであると記されていた。仏教とキリスト教の思想には相違点も多いが、類似点も多いということをその本から学んだ。

高校卒業後、紆余曲折を経て大学へ入学し、卒業後はなんとか就職したが、公務員としての出発点は、東京都内でも有数の大規模小学校の事務職であった。学区域に第二種都営住宅を抱えていたため、生徒の約四分の一は貧困家庭、生活保護受給世帯か、いわゆるボーダーライン層であった。そうした中で、社会福祉に関心が高まり、結局は、福祉事務所のケースワーカーとなった。その後、障害者福祉も経験し、縁があって、大学で教えるようになった。

生活保護や社会福祉の政策の授業では、制度の歴史をまず教えるが、それはまた、社会や民族が半ば無意識に共有している思想を確認することでもある。例えば、現在居住している青森の津軽地方では、三世代家族の割合が大きい。女性の結婚年齢は日本で最も低く、大半は高校卒業後二年以内に結婚し、兄弟、姉妹とも実家や婚家で生活することも多い。そこでは、高齢者の介護は、家族全員で行うことが普通のことになっている。家族の自助と親族縁者間の互助があって当然のことになっている。

こうした精神風土が歴史的にどのように醸成されたかについて、興味関心を持ち続けてきた。自身の生育環境から宗教がそれに大きな影響を及ぼしていることも感じていた。そこで、今回、キリスト教、大乗仏教と儒教における貧困観や貧困救済について、原典の記述を再確認する作業を行うことにした。キリスト教、仏教、儒教という伝統宗教が持つ貧困観や貧困救済思想を、原典を参照することで浮かび上がらせ、さらに現代の社会保障制度の設計思想に接近することを試みることにした。

参照文献は、できる限り一般書店で普通に入手可能なものに限った。また、とりわけ大乗仏教経典は、膨大な量であるため、文庫として出版されているものを主として利用することにした。聖書、経典、論語等の引用は、名称と章節を明示して、読者がすぐに原典にあたれるよう配慮している。他の引用文献は、引用の直後に著訳者、初版出版年とページを記載している。これは社会学会の引用方式に準拠している。なお、引用については、ルビは原則として省略し、文末については文章の続きぐあいによって補正した場合がある。

二〇一二年八月

増山　道康

社会保障の源流を探る

——教典に描かれた貧困観と貧困への対応——

目次

社会保障の源流を探る

——教典に描かれた貧困観と貧困への対応——

序章　貧困の定義と貧困への対応

貧困の定義は、さまざまである。ノーベル経済学賞を受賞したアマルティア・セン（Sen.A）は、いわゆる潜在能力仮説によって貧困を説明している。最貧国の状況報告の中では、一日一ドル以下の生活の描写がみられる。経済協力開発機構（OECD）は、一定の収入以下を貧困と定義している。日本では、生活保護基準が具体的な貧困線として明示されている。

貧困への対応は、先進国家、いわゆる福祉国家においては社会保障や社会政策として展開されている。これは、貧困に陥った者を救済する救貧制度と貧困の予防としての防貧制度に大別できる。

1　現代の貧困と貧困観、貧困への対応

センは、財貨の所有とそれを所有していることで「成就しうること」を区別すべきだと述べている（Sen.A1988、鈴村興太郎2001：21-29）。財貨の所有とその使途を区別し、一定の財貨があっても使途が限定される場合、例えば難病患者や重度障害者では、治療や介護のための費用負担が優先される。他の消費はそれより低い順位となる。そうした疾病や障害がなければ、財貨の使用における自由度は高くなる。貧困をこうした潜在する能力（capability）によって測定することを提唱している。

ＯＥＣＤの貧困アプローチでは、経済格差や財産の多少については、物的貧困としてまとめている。ただし、センの潜在能力仮説を意識してか、貧困の継続、健康の不平等、教育機会や保育といった社会指標による測定も行っている。所得からみた貧困は、概ね、個人所得の中央値の四〇～六〇％以下所得層を貧困と定義する（OECD2009トリフォリオ：280）。低所得層が多い国ほど貧困の継続は長期間に及んでいる。また、低所得層ほど死亡率が高く、乳幼児の生存率が低い。日本では、所得と学業成績や進学率との間に正の相関関係が認められるという報告がある（生田武志2009：73-75）。

生田は、貧困は経済的貧困と関係の貧困があり、両者が結びついていることが現代の貧困の特徴だとしている。例えば、「貧困な家庭のこどもたちは、親が忙しくて一緒に過ごす時間が無い。友だちづきあいはどうしても多少のお金がかかるが、お金がないと誘われても断り続け、友人関係がどんどんとぎれていってしまう」（生田武志2009：216）ことで、人間関係が希薄になり、孤立や引きこもりが生じやすくなる。

岩田正美は、貧困の継続を重視している。女性を対象としたパネルデータ（同一集団を長期間継続的に観察して情報収集した結果）では、一時的な貧困が最も多いが、継続した貧困も八％程度存在し、反対に対象の半数は全く貧困経験

のないとの報告をしている（岩田正美2009：78-84）。この場合には、貧困経験が無い人びとと、貧困に留まり続ける人びとが階層として固定化しているが、その原因は、未婚又は多子（三人以上）が最も多い（岩田正美2009：87-93）。

ルース・リスター（Lister.R）は、貧困の問題として、所得による貧困線とセンの潜在能力仮説の統合について言及している。そこでは、「人間の尊厳にふさわしい生活」を生活の質と意識している。つまり、「個人が活動的存在として自身の資源をどのように活用しているのか、それによって、どのように生活状態を管理し、意識的に方向付けていくか」（Lister.R2004、松本伊知朗・立木勝2011：35）が重要だとしている。現代では、人間の尊厳が主体的に保持できることと経済的状況は密接に結びついていることが多いが、そうではなく、人間としての生き方、ここで言われている生活状態を管理して意識的に方向付けることが経済的貧困にあっても可能な場合もあり得る。

ブータンは、最も幸福度の高い国として日本では評価されているが、その国民総所得は、日本のそれよりも相当に低い。このような貧困と人間の尊厳が両立している状態を「清貧」という。貧困の一部としての清貧は、理想的な生き方として称賛に値すると考えている人々は多い。清貧も貧困を考える上では、重要な視点となる。

貧困の捉え方の一つに、原因による分類がある。中国や日本など東アジアでは、鰥寡孤独廃疾による貧困は救済対象であったが、怠業による貧困は救済されない。身寄りの無い高齢者と独身女性、親のいない子ども、重病人、障害者は、当人の責任によらない貧困であり、仕事をせず遊んでいたり、不正な行為や薬物・アルコールへの依存は、当人の責任による貧困であると考えられている。こうした感覚は、現代社会も同様で、高齢者や障害者は社会福祉の対象であるが、ホームレスは、仕事に就かないことが原因だから生活保護受給は認めないということが多くの福祉事務所で実際に行われていた。

2　貧困への対応（社会保障）

経済的貧困への対応として一九三〇年代にアメリカで社会保障が開始された。現代の福祉国家は、医療や年金など多様な社会保険、児童手当など公費による給付金と生活保護等の公的扶助によって、救貧や防貧を行っている。貧困救済・予防の方法として国家による費用の徴収と直接間接の給付、すなわち国家による所得の再分配が当然のこととして行われている。しかし、社会保障制度の設計思想やそれによる実際の制度運営は、各国間差が大きい。例えば、アメリカは障害者と高齢者を対象とする医療制度以外には、日本の健康保険・国民健康保険に相当する制度はない。ドイツの社会保険は給与所得者が対象であり、自営業者等は、近世以来のギルドが運営する同種の保険よって支えられている。

欧米の社会保障制度設計思想は、ドイツの宗教改革者マルティン・ルター（Luther. M）が提起した社会金庫や、一七世紀イギリスの政治経済学者ウィリアム・ペティ（Petty. W）が提案している公的救済案にまで遡ることができる。「これらの意見には、貧困救済や貧困予防について社会全体で取り組むべきだという主張が共通して見受けられる。「これらの部門についていわれわれはむしろその（経費の）増額を勧告すべしと考える。第一のものとわたしがよぶのは、一般的に言えば貧民救助であって、無能力者のすべてがこのようにして扶養され、他の赤貧の人たちのために、一定の・継続的な職をさがさねばならない」（Petty.W1662 1662、大内兵衛・松川七郎 1970：54-55）。そのための経費として「ある種の租税および公課は、王国の富を減少せしめるというよりも、むしろ増加せしめる」（Petty.W1690、大内兵衛・松川七郎 1971：67）という言説は、時代背景により一定の限界はあるものの、貧困救済や貧困予防を社会的な問題として捉え、国家による救済・予防の制度化を当然視している。国家の義務とそれに対応した国民の権利すなわち生存権の原型といいうる。また、ペティの議論では、公共事業による無業者—働く能力はあるが機会が無い人々—の救済が提案されている。この発想は、現代の公共事業の政策的な含意とほとんど相違しない。彼らの発想は、伝統的なキリスト教思想の直接の延長上にある。

日本人の多くは、心理的底流で、「なぜ、アカの他人のためにお金を負担するのか」という疑問を抱えている。仲間であるか否かが重要であり、負担に対する人々の納得は、「仲間だから」ということによって得られる（阿部志郎・河幹夫 2008：118-121）。また、日本の場合、さまざまな制度設計は、「血の流れ」が前提となっている（阿部志郎・河幹夫 2008：39-43）。つまりイエを守るために、社会的な仕組みを構築してきていて、社会保障もそうした社会的な仕組みの一部として設計されてきた。

また、日本の社会制度の多くは、経済優位性の確保という国家目的に奉仕してきた。それに必要な国民は優遇されるが、そうでない立場の者は、常に無視される。当然に優秀な人材を確保するための教育や、人材喪失の危険回避のための医療と費用負担制度は重視されるが、障害者・高齢者の福祉、とりわけ難病を含む障害者のそれは優先順位が低い。障害基礎年金の年額は八〇万円弱であるのに対し、労働災害に於ける保障年金は、傷病直前の平均賃金の三〇〇日分を超える（二〇一〇年の大卒初任給平均で換算すると約二三〇万円となる）。

一九七〇年代のオイルショック、ニクソンショックによる景気後退を受けて、日本型福祉社会が構想されたが、その基本は、家族や親類縁者による相互扶養（自助）であり、それが不可能なときには　会社や地域等所属する組織内の互助・共助により、それでも生活が困難となった場合にはじめて国家扶助（公助）が受けられるというものであった。このような制度設計思想は、江戸時代にまで遡ることができる。山鹿素行は、山鹿語類の中で、鰥寡孤独、つまり身寄りが全くない高齢者や孤児の救済について、まず、「親属の養をうけむべし」、それが不可能な場合、「親属たえて養ふべきあらずんば」次に「其の一村一郷として其の養を遂ぐべし」と説き、村郷が十分に扶養できない場合、「とぼしくて養をつぐのひ難きか、或いは養ふといへども全からずんば」、はじめて藩や幕府が扶助を行うとした。その場合には、

「奉行を以て是を詳にして而る後に上より是を養うに及ぶべし」（山鹿素行1665、廣瀬豊1941：341）と厳密な調査を行って真意必要な場合に限って公的な援助を行うべきであると述べている。親類縁者がいるにも関わらず扶養をしない場合、「産業ありといえどもわざとこれを棄て游楽を好むか、又親属多きを頼みて業を怠るか」等の場合は、詳細に調べてお上が罰することになる。「是を詳にして上の戒を受くべき也」（山鹿素行1665、廣瀬豊1941：341）とする。また、荻生徂徠も、鰥寡孤独の者の救済を「誰とて養う人なき」場合のみに限ると述べている（荻生徂徠1722、辻達也：335-336）。

このように、日本の社会保障制度の根幹は儒教を基本としている部分がある。明治維新の際布告された五榜の掲示では、鰥寡孤独の者の救済については国が行うとしているが、そのための救護策として一八七四年に公布施行された恤救規則では、「無告の窮民」、つまり貧窮状態を誰にも告げることのできない、告げる相手が全くいない身寄りのない者に限って救済するとしている。この規則では、そもそも救済は国民相互の情誼によることが基本であるとも書かれている。明治初期の貧困救済施策は、江戸時代の儒者の言説をそのまま引き継いでいる。現行生活保護の運用上でも、三親等までの扶養を優先して受けることが扶助費受給の要件となっている。

第1部　聖書の貧困観と貧困救済

第１章　旧約聖書に描かれた貧困

キリスト教典は、聖書（Bible）と呼ばれるが、三部に大別できる。日本では旧約と新約の二部が一般に知られているが、ローマカトリックや正教（オーソドックス）は、その中間時期の書とされている外典（アポクリファ）も聖書の一部として尊重している。アポクリファ（新共同訳聖書では、旧約続編）は、ヘレニズムから帝政ローマ初期のイスラエルいわゆるマカベア朝ユダヤ王国時期を背景に編纂されていて、マカベア朝の歴史や当時のユダヤ人の生活・文化・道徳律等が記述されている。本書の引用は、主に、この三教典からによる。聖書の引用は、日本聖書協会「新共同訳聖書旧約聖書続編付き」によった。

キリスト教信仰の中心は、神による救済である。この世の苦しみは、人間の神からの離反によるものであり、神に帰依した人間のみが救済に与れるとする。旧約聖書では「神はそのなさることをいちいち説明されない」（ヨブ33.13）が「その日が来れば、主は再び御手を下してご自分の民を買い戻される」（イザヤ11.11）と記述されている。

農業生産がほとんど天候に頼っていた時代にあっては、飢饉は定期的に起こった。旧約聖書では、天候不順とその結果としての飢饉は神の摂理、すなわち、神の意志と計画の一部であるとしている。人間の不服従が天候不順をもたらし、人間の不信仰の罰として飢餓が起きる。この一連の態様が神の栄光の啓示であり、人間を神に立ち返らせるものであると描かれている。三笠宮崇仁は、古代の民衆の生活について「慢性的飢餓のほうが日常的であった。絢爛たる文明のかげには、飢餓線をさまよう無数の民衆たちの生活があった。日常的な飢餓状態に起因する民衆総体にとりついていた慢性的な栄養失調が病気の最大の原因であり、病気は悪霊の仕業と考えられ、神のみが治療できる。魔法の儀式や護符を用いてそれ（病気の原因たる悪霊）を追い出すこと」（三笠宮崇仁編 1991：305-307）が治療であったと述べている。

コラム1　旧約聖書の構成

旧約聖書は、キリスト教の教典である前に、ユダヤ教の聖典であり、イスラムもコーランに次ぐ教典として尊重している。その構成は大きく、律法書、預言書、聖文書に三分類されている。ただし、この三分類に、はっきりとした境界があるわけではない。律法書にも預言が記述されていたり、預言書のなかに歴史的事実が書き込まれていたりする場合もある。また、配列も歴史的順序とはなってはおらず、一つの文書のなかに異なる時代のものが混在している場合もある。例えばイザヤ書は、実際は三人の異なる時代の預言者により書かれているとされている。

創世記から申命記までのいわゆるモーセ五書と、ヨシュア記から歴代誌までは、古代ユダヤの歴史と法制度が記述されている。創世記第一二〜一七章に描かれる神とアブラハムとの契約のエピソードは、ユダヤ教成立以前の素朴な信仰の記述の一例といえよう。神は、アブラハムに「これがあなたと結ぶわたしの契約である。あなたは多くの国民の父となる。あなたは、アブラハムと名乗りなさい」（創世17.2-5）と命じている。

史書各巻は、いわゆるダビデ王朝から、いわゆる捕囚までをほぼ年代順に記述している。歴史を通して、ダビデ王朝自体が神の恩寵であり、その後の南北分裂及び最終的にはイスラエル（北王朝）、ユダヤ（南王朝）の滅亡と捕囚が神の罰であった。王は、「油を注がれた者」であり、地上における神の代理人といえる立場にあった。新約聖書では、イエスの足に香油を塗った女の挿話がある。その時イエスは、一緒にいた有徳とされる人（ファルサイ人）に対し、「あなたは頭にオリーブ油を塗ってくれなかったが、この人は足に香油を塗ってくれた」（ルカ7.46）と言った。この場面は、イエスが主であり王であることを象徴しているとされている。カトリックの法王（教皇）や日本では正教と呼ばれているオーソドックスの総主教の地位は、イエスからの地上の権威の委任とされている。

詩篇の多くは、ダビデに仮託されている。その大半は、神の慈悲と救済に対しての人間の期待と、救済された者の神への感謝をうたっている。箴言は、ダビデの嗣子であるソロモンに仮託されていて、親が子に説くかたちで道徳論が展開されている。哀歌は、バビロン捕囚直後のエルサレムを描写した悲しみの挽歌である。敗戦後の混乱と破壊の惨状と民族の悲哀を格調高く歌い上げているが、戦争による貧困の描写は他を圧するものがある。この描写は、第二次世界大戦敗戦直後の日本の状況や、現在も世界各地で見られる民族・地域紛争による難民の状況にそのまま直接的に重ね合わされる。

預言書では、人間の自由意志による神からの問いかけに対する応答（responsce）と結果が記述されていることが多い。現代の社会福祉の理念で言えば、自己選択、自己決定、自己責任による行為とその結果としての神からの離反と解決策としての新たな神との契約締結が書かれている。ここから、新約まで思想的な連続性、新約で展開される神の愛と人間同士の愛（ギリシャ語のアガペ、ラテン語ではカリタス〈KALITAS〉）への接続を読み取ることができる。

旧約聖書では、人間の神に対する裏切りと神の報復、人間（とりわけユダヤ人）の神への立ち返りと神の許しが繰り返し描かれている。人間の苦しみは、原初における人間の神からの離反によるものとされている。まさに富と健康は、神の恵みであり、貧困と病気は神の呪いであった。詩篇の中心的な思想は、神の恩寵への感謝であるが、それだけにとどまらない。ダビデに代表される王、すなわち「主に油を注がれた者」への信頼だけでなく、逆に王を始めとする支配者・為政者への不信、抗議、さらには、それを神へ訴えている。これらからは、ヨブ記と同じように、貧困の原因が個人や所属集団の行為の結果であるというだけでなく、生来の身分、地位や政治の結果といった社会的な問題であるとい

う思想の萌芽を感じ取ることができる。

箴言の貧困観は、更に一歩進んだものとなっている。箴言全体は素朴な善悪観と詩篇でも見られた富裕／貧困観が基本となっているが、善の取得には智恵が必要だという論調が多く見られる。善を行う者は智恵ある者であり、不義を行う者、不正な者、怠け者は、愚者であると説く。神の一方的な恩寵または処罰が、富裕または貧困として現れるだけではなく、個人の努力、能力獲得の有無が生活状態や人生に影響を及ぼすことが述べられている。

哀歌の中の貧困は、二重の原因がある。一つは戦争遂行のために強いられた国民の過度の負担であり、もう一つは、敗戦後の勝者の略奪と破壊である。基調としては、神への反逆がこうした惨状を招いたとする素朴な思想が当然にみられる。また直接的な嘆きが哀歌の名の通り、歌い上げられている。しかし、それ以上に客観的な貧困描写と二重の原因の追及が悲惨さを強調している。

ダビデ王朝成立前後から捕囚からの帰還時期まで、イスラエルには預言者《ナービー》とよばれる人々が輩出した。彼らは、未来を予言するのではなく、神の代弁者であった。

預言書の中でも、貧困は、神の処罰であり、神への立ち返りのきっかけとして記述されている。ただし、それは、詩篇や箴言に見られるような素朴な恩寵と富裕／処罰と貧困という組み合わせにとどまらない。預言書の多くは、箴言や哀歌に表出されている貧困の分類や原因、とりわけ怠惰の結果としての貧困を精緻化している。

その解決策としての新たな契約が新約となる。預言書は旧約と新約をつないでいるといえる。例えば、イザヤは、「主の言葉を聞け」と繰り返し叫んでいる。神が語る言葉を聞くこと、それに従うことは、行動を伴う。「耳を傾ける」ことは形式的な祈りや贖罪ではなく、積極的な善行が重視される。「お前たちのささげる多くのいけにえがわたしにとって何になろうか」（イザヤ1.11）と神はユダヤ人に語りかけていると訴える。

イザヤ書の「見よ、おとめが身ごもって、男の子を産み、その名をインマヌエルと呼ぶ」（イザヤ7.14）は、イエスの出現を預言したものとされており（マタイ1.23）、「呼び掛ける声がある。主のために、荒れ野に道を備え、私たちの神のために、荒れ地に広い道を通せ」（イザヤ40.3）は、バプテスマのヨハネを預言したものとされている（ルカ3.2-6）。

1　貧困の原因――個人の責任と集団の責任

旧約聖書では、貧困は、社会的地位や身分関係という人間の社会における立場によるもの、つまり貧者と、人間が神を裏切った結果としての神からもたらされる厄災によるものとに大別される。神の厄災は、個人にもたらされる病気や障害と社会全体が苦境におかれる自然災害、不作や戦争の帰趨の二種類に分けられる。

貧者となったのは、多くはその人自身の怠惰が原因である。「貧乏は盗賊のように欠乏は盾を持つ者のように襲う」（箴言6.11）から、勤勉が要求される。「刈り入れ時に眠るのは恥をもたらす子」（箴言10.5）と呼ばれるようになる。「このような者には、突然、災いが襲いかかりたちまち痛手を負う」（箴言6.15）ことになる。「怠けていれば飢え」（箴言19.15）、「手のひらに欺きがあれば貧乏になる」（箴言10.4）のである。「貧乏は盗賊にように欠乏は盾を持つ者のように襲」（箴言6.11）いかかる。それを救済する者はだれもいない。

神への裏切りは、不信仰と他の神々を信仰することであるが、「賃金を不正に奪う者、寡婦、孤児、寄留者を苦しめる者」（マラキ3.5）も、処罰の対象となる。神は、「寡婦や孤児はすべて苦しめてはならない。もし、あなたが彼を苦しめ、彼が私に向かって叫ぶ場合は、わたしは必ずその叫びを聞く。そして、わたしの怒りは燃え上がり、あなたたちを剣で殺す」（出エジプト22.20-23、以下「出エ」と略記）と宣言している。

利己的で非倫理的行為を繰り返す人々が大勢を占める社会は、神の眼に悪と映り、厄災をもたらす原因となる。「金持ちが貧乏な者を支配する」（箴言22.7）社会では、「見よ、虐げられる人の涙を。彼らを慰める者はない」（コレヒト4.1）

という状況が普通に見られる。「貧しい人が虐げられていることを見ても」（コレヒト5.7）だれも驚かない。本来社会的保護が与えられるべき人々についても「貧しい者から権利を奪いやもめを餌食とし、みなしごを略奪する」（イザヤ10.2）ことが常態となっている。「貧しい者が正当な申し立てをしても乏しい者を偽りの言葉で破滅に落とす」（イザヤ32.7）人が横行する。こうした人々は神の処罰の対象となる。神の目に悪と映れば、「高慢な者、悪を行う者はすべてわらのようになる」（マラキ3.19）のである。

支配者の行為が、神の正義に反する場合にも厄災がもたらされることがある。ダビデの世に、三年続いて飢饉が襲った。ダビデは主の託宣を求めた。神は、その理由として「ギブオン人を殺害し、血を流したサウルとその家に責任がある」（サムエル下21.1）ことをあげている。

2　貧者の保護と貧困の状態

貧困の原因が、個人責任とはいえない場合は、社会的保護の対象となる。彼らは、神の庇護を受けることもできる。ただしそれは、神の意志に基づいている。神は、「わたしは恵もうとする者を恵み、憐れもうとする者を憐れむ」（出エ33.19）のである。

毎日賃金を得る者（日雇い）、未亡人（やもめ）や母子世帯、親のない子ども（みなしご）、一時的に滞在する外国人（寄留者）は、保護の対象となる。モーセ五書と呼ばれる現代用語でいえば法律書である律法書のなかには、社会的弱者の保護を社会の義務としている記述を見ることができる。共同体やその成員が社会的義務を果たさない場合は、神の罰が臨む。

「寄留者を虐待したり、圧迫したりしてはならない」（出エ22.20）。「あなたたちは、寄留者を虐げてはならない。あなたたちは寄留者の気持ちを知っている」（出エ23.9）。「雇い人の労賃の支払いを翌朝まで延ばしてはならない。耳の聞こえぬ者を悪く言ったり、目の見えぬ者の前に障害物を置いてはならない」（レビ19.13-14）と記されている。

ドイツの社会学者・哲学者マックス・ヴェーバー（Weber.M）は、契約の書としての旧約聖書の精神として「特徴的であるのは訴訟法、奴隷法、寄留人法であ」り、その中では、「兄弟愛を示す倫理的な命令は、やもめ、みなしご、下僕、労働者、寄留者、病人のための広汎な諸社会的保護規定にまで発展拡張されるに至っている」と述べている（Weber.M1920、内田芳明1997：162, 171）。

社会的に保護される規定があるにもかかわらず、貧困状態は、さまざまな不利益を生じさせる。また社会的排除もおきる。「貧乏な者は友にさえ嫌われ」（箴言14.20）、「弱者は友から引き離される」（箴言19.4）ことになり、社交の機会が無くなってしまう。貧困状態が長期化すれば、「わたしの贖いの年がきたのでわたしは見回したが、助ける者はない」（イザヤ63.4-5）ため、貧困からの脱却はほとんど望むことができない。センのケーパビリティ仮説そのままの社会的な不利益を貧困が生み出している。

３　厄災の原因と結果

不信仰や他の神々を信仰することは、神の厄災の原因となる。十戒には「わたしをおいてほかの神があってはならない」（出エ20.3）、「いかなるものの形も作ってはならない。あなたはそれらに向かってひれ伏したり、それらに仕えたりしてはならない」（出エ20.4-5）と定められている。これに反した場合は、「否む者には、父祖の罪を子孫に三代、四代までも問う」と宣告している。神への離反は、個人だけでなく、社会の破滅をも意味する。離反者や彼らを生じさせた共同体に対して神は、「わたしは建てたものを破壊し、植えたものを抜く」（エレミヤ45.4）と宣言する。

預言者たちは、背信の結果としてのユダヤの滅亡を繰り返し警告している。「災いが襲いかかる、この地に住むすべてに」（エレミヤ1.14）と警報を鳴らしている。「あなたが主を捨てたので、このことがあなたの身に及んだ」（エレミヤ2.17）のであって、その責任は人間の側にある。

背信や律法に対しての集団的違反に対する神の罰は、徹底している。民族集団の絶滅をも神は、いとわない。創世記には、こうした事例がいくつか描かれている。ノアの時代には、大洪水によって地表のすべてが大水に覆われ、ノアの家族を除くすべての人間が滅亡した（創世6.1-8.22）。また、ソドムやゴモラといった都市国家は、神から来る硫黄と火によってそこに住む全住民が滅びた（創世19.23-25）。

モーセの指導によりエジプトから脱出したユダヤ人は、たびたび神に逆らい、神の処罰を受けた。「主はイスラエルに対し激しく怒り、四十年にわたり、彼らを荒れ野にさまよわせられ」（民数32.13）た。それでも、ユダヤ人が神に立ち返れば、そのたびに赦されてきたが、ついに神の怒りは頂点に達する時がきた。ユダヤ、イスラエル両王朝の滅亡と捕囚がその結果である。

神は、大きな厄災を送る。「わたしは彼らに剣、飢饉、疫病を送って、わたしが彼らと父祖たちに与えた土地から滅ぼし尽くす」（エレミヤ24.10）と宣言する。「この四つの厳しい裁き、すなわち、剣、飢饉、悪い獣、疫病」（エゼキエル14.21）が、すべての人々を襲う。人々の運命は悲惨である。「疫病に定められた者は、疫病に、剣に定められた者は、剣に、飢えに定められた者は、飢えに」（エレミヤ15.2）よって死ぬ。まさに「彼らは剣と飢饉によって滅びる」（エレミヤ16.4）ことになった。

「主なるあなたの神は、この場所にこの災いをくだすと告げておられたが、そのとおりに災いをくだし、実行された」（エレミヤ40.2-3）。その結果として、「三分の一は疫病で死んだり、飢えで息絶えたりし、三分の一は都の周りで剣にかけられて倒れ」（エゼキエル5.12）、また「遠くにいる者は疫病で死に、近くにいる者は剣で倒れる。それを免れ、生き残る者も飢饉で死ぬ」（エゼキエル6.12）ありさまとなった。

中でも、飢餓が、とりわけ厳しい処罰となっている。食物も飲料もない状態が長く続き、「貴族らも飢え、群衆は渇きで干上がる」（イザヤ5.13）。「皮膚に骨は張り付き枯れ木のようになり」（哀歌4.8）、人々に「飢えは熱病をもたらし皮膚は炉のように焼けただれている」（哀歌5.10）。そして、「だれも皆、自分の同胞の肉を食らう」（イザヤ9.19）までになる。

貧しい者や子どもは、なおさら悲惨な状態に陥る。飢餓の持続は、「飢えている者をむなしく去らせ乾いている者の水を奪い」（イザヤ32.6）また、「苦しむ人、貧しい人は水を求めても得ず渇きに舌は干上がる」（イザヤ41.17）状態を生み出す。幼児は、「母に言うパンはどこ、ぶどう酒はどこ、と」（哀歌2.12）泣き続けるが、結局は「都の広場で傷つき、衰えて母のふところに抱かれ、息絶えて」（哀歌2.12）しまう。「舌は渇いて上顎に付き幼子はパンを求めるが、分け与える者もいない」（哀歌4.4）状況に終わりはない。

外国との戦争が追い打ちをかける。戦争の帰趨は、神の意志による。神に従順であり、その正義にかなう方が勝利し、神に逆らう側、正義に反する側は敗北する。士師記は、神からの離反への懲罰としての敗戦と、神への立ち戻りによる勝利を繰り返し描いている。

例えば、女性の士師（一代限りのカリスマ指導者）デボラの項では、「人々は、またも主の目に悪とされることを行い」（士師4.1）、その結果神は「カナンの王ヤビンの手に、彼らを売り渡され」（士師4.2）、ヤビンは、およそ二〇年間支配した。その後デボラが人々の上に立ち、神の立ち返った結果、神が「ヤビンをイスラエルの人々の前で屈服させ」（士師4.23）、平和が戻った。

神に対する背信の結果としての敗北は、人々を極度の貧困状態に陥いらせる。敗戦によって「砦の町々を瓦礫の山にすることになった。力を失ったその住民は打ちのめされて恥に覆われ野の草、青草のように穂を付ける前にしなびる屋根に生える草のようになった」（イザヤ37.26-27）。また「町々は焼き払われて住む人もなくなった」（エレミヤ2.15）のである。人々は、「騎兵や射手の叫びに、都を挙げて逃げ去り茂みに隠れ、岩に登る」（エレミヤ4.29）が、勝者は容赦しない。「その矢筒は、口を開いた墓、彼らは皆、勇士だ。お前たちの収穫も食糧も食い尽くす。お前が頼みとする砦の町々を剣を振るって破壊する」（エレミヤ5.16-17）。そして、「男も女も、長老も年寄りも必ず捕らえられる。家も畑も妻もすべて他人の手に渡り」（エレミヤ6.11-12）、「殺戮の谷と呼ばれる日が来」（エレミヤ7.32）て、「エルサレムを瓦礫の山、山犬の住みかとしユダの町々を荒廃させる」（エレミヤ9.10）。「若者らは剣の餌食となり息子、娘は飢えて死に」（エレミヤ11.22）、「この都にとどまる者は、剣、飢饉、疫病で死ぬ」（エレミヤ38.2）ことになった。「おとめも若者も剣にかかって死んだ」（哀歌2.21）のである。

4　厄災の種類

神の厄災としての災害は、大風、雷、洪水、地震、雹《ひょう》、噴火といった自然災害と、それらによる二次災害としての山火事、野火、及び旱魃、いなご・ばったの異常繁殖による大規模な食害、植物の病気等による極度の不作、疫病の流行等があげられる。

神は、「憤りをもって暴風を起こし、怒りをもって、豪雨を降らせ、怒り狂って雹を石のように降らせ、すべてを破壊する」（エゼキエル13.13）と宣言する。「雷鳴、地震、大音響と共につむじ風、嵐、焼き尽くす炎」（イザヤ29.6）が人々を苦しめる。洪水は、「溢れる度にお前たちを捕らえる。それは朝ごとに溢れ、昼も夜も溢れ」（イザヤ28.19）、人々は逃げるところがない。

雷は雹を伴う。「天から雷鳴をとどろかせ、いと高き神は御声をあげられ雹と火の雨が続き」（詩篇18.14）、「主は雨に代えて雹を降らせ燃える火を彼らの国に下された」（詩篇105.30）。また、火山の噴火により、「天から、主のもとから硫黄の火を降らせ、これらの町と低地一帯を、町の全住民、地の草木もろとも滅ぼし」（創世19.24-25）、「天から神の火が降って、羊も羊飼いも焼け死んでしま」（ヨブ1.16）った。

二次災害としての山火事や野火も脅威である。「火が舌のようにわらをなめ尽くし炎が枯れ草を焼き尽くし」（イザヤ5.24）、「茨とおどろをなめ尽くす。森の茂みに燃えつき、煙の柱が巻き上がる。万軍の主の燃える怒りによって、地は焼かれ民は火の燃えくさのようになる」（イザヤ9.17-18）。地震も起きる。「主の怒りに地は揺れ動き天の基は震え、揺らぎ」（サムエル下22.8）、「山は揺れ動き全ての丘は震えた」（エレミヤ4.24）。建物は倒壊する。「柱頭を打ち、敷石を揺り動かせ。すべての者の頭上で砕けた」（アモス9.1）ため、多くの人々が圧死する。

農業生産力が現代に比べ、相当低水準であった時代には、虫害、病気、旱魃等による飢饉が数年に亘って続くことも多かった。旧約聖書には「この地に飢饉が広がった」（列王上8.37）原因が列挙されている。「黒穂病、赤さび病、いなご、ばったが発生したり」（列王上8.37）、「数年の間、露も降りず、雨も降らない」（列王上17.1）ために広範囲で飢饉が起こり、すべてのユダヤ人は「渇き、町々の城門は衰え」（エレミヤ14.2）、「彼らが貯水池に来ても水がないので空の水がめを持ち、うろたえ、失望し、頭を覆って帰る。地に雨が降らず大地はひび割れる。農夫はうろたえ、頭を覆う。青草がないので、野の牝鹿は子を産んでも捨てる」（エレミヤ14.4-5）状態となる。

神は、「干ばつ、黒穂病、赤さび病をもってあなたを打ち、あなたを追い、あなたを滅ぼす」（申命28.21-22）。神は「ぶどうといちじくを打ち国中の木を折られた」（詩篇105.33）ため果物の収穫はできなくなる。「主が命じると、いなごが発生し数えきれないいなごがはい回り国中の草を食い筑紫大地の実りを食い尽くした」（詩篇105.35）ため飢饉が訪れた。「熱風が襲う。主の風が荒れ野から吹きつける。水の源は涸れ、泉は干上がり」（ホセア13.15）、「かみ食らういなごの残したものを移住するいなごが食らい、移住するいなごの残したものを若いいなごが食らい、若いいなごが残したものを食い荒らすいなごが食らった」（ヨエル1.4）。さらに雹や雨により収穫が妨げられる。「（小麦の刈り入れ時期に）主は、雷と雨を下された」（サムエル上12.18）ために小麦が収穫できなくなった。

病気障害や感染症流行も神の厄災である。これらは個人への罰としても社会全体への厄災としても下される。ハンセン病、疥癬《かいせん》他皮膚病、てんかんその他の精神疾患と、身体障害特に盲・聾が疫病の代表としてあげられている。

人間が悪行を重ねるならば、「主は、疫病をあなたにまといつかせ、あなたが得ようと入っていく土地であなたを絶やされる。主は、肺病、熱病、高熱病、悪性熱病をもってあなたを打ち、あなたを追い、あなたを滅ばす」（申命28.21-22）という託宣が下される。「主は、エジプトのはれ物、潰瘍、できもの、皮癬などであなたを打たれ、あなたはいやされることはない。主はまた、あなたを打って、気を狂わせ、盲目にし、精神を錯乱させられる」（申命28.27-28）。「疫病は御前に行き熱病は御足に従う」（ハバクク3.5）人々は、「肉は足で立っているうちに腐り目は眼窩の中で腐り、舌も口の中で腐る」（ゼカリヤ14.12）ような重篤な病から逃れられない。

こうした事態に対して、人々は、神に立ち返り、神の救済を願うしかない。「私の苦しみを顧みて助け出して下さい」（詩篇119.153）と神に祈る。そして「神よ、わたしを憐れんでください。御慈しみをもって。深い憐れみをもって」（詩篇51.1）と願う。「神がわたしたちを憐れみ、祝福し、御顔の輝きをわたしたちに向けてくださいますように」（詩篇67.1）と願い、また「この地には、一面に麦が育ち山々の頂にまで波打ちその実りはレバノンのように豊かで町には人が地の青草のほどにも茂りますように」（詩篇72.16）と願う。それは、「いかに幸いなことでしょう、あなたの家に住むことができるなら」（詩篇84.5）という切ない思いである。

第2章　アポクリファ（旧約聖書続編）に描かれた貧困

アポクリファの時代は、アレクサンダーによる世界統一後のいわゆるヘレニズム時代であり、パレスチナは、アンティオコス朝、その後を襲ったセレウコス朝シリアとプトレマイオス朝エジプトの緩衝地帯で、イスラエルも常に両者の間での緊張を強いられていた。時代をやや下るとローマによる干渉もたびたび受けることになる。そうした時代背景が、貧困観やその救済思想にも影響をあたえている。

トビト記は、あるユダヤ人の個人の生活と信仰を一部は一人称、一部は三人称で物語っている。この書では、貧困は旧約聖書と同じく、人間の罪の結果として描かれている。なお、この説話では、悪魔や天使ラファエルが実在する者として登場する。

智恵の書では、王の責任を説き、智恵による善政を勧めている。「権力は主から、支配権はいと高き方から与えられている」（智恵6:3）という、旧約聖書での王の権限の源泉とほぼ同じ思想が見られる。王は「いつまでも治めうるよう、智恵を学ぶ」（智恵6.21）ことが求められ、その結果として「思慮深い王がいれば、民は繁栄する」（智恵6.24）ことになる。

シラ書では、トビト書と同様、慈善が罪の償いすなわち神の恩恵となると記述している。「水が燃えさかる火を消すように、施しの業は罪を償う」（シラ3.30）。しかし、これまでとは異なる救済に対する考え方も提出されている。良い貧困と悪い貧困が峻別され、良い貧困のみが慈善の対象とされている。

アポクリファの中では、ここにあげた各書以外は貧困や慈善に触れてるものはほとんど無い。ユデト記、エステル記、マカバイ記Ⅰ・Ⅱは捕囚からローマ帝政初期までの期間のユダヤ史であり、バルク記、ダニエル記、エズラ記は、旧約の預言書や説話に相当する。

コラム２　アポクリファと芸術

マカベア一族は、ヘレニズム時代のセレコウス朝シリアと戦い、ユダヤの独立を維持した一族であり、その継承者が、新約聖書に出てくるヘロデ大王である。ちなみに、バプテスマのヨハネの首を望んだサロメは、彼の義理の娘である。マカベア一族で最も有名なユダを主人公とした音楽作品にヘンデルのオラトリオ「ユダ・マカベウス」がある。

その中の合唱曲「勝を勝ち得て来を見ゆ（見よ、勇者は帰りぬ）」は、日本でも「得賞歌」として受賞式典でたびたび演奏される。また、この曲は、賛美歌一三〇番としても日本人になじみ深い。

ユディトは、捕囚からの帰還直後のユダヤの暮らす未亡人であった。彼女が、知謀を働かせ、アッシリアの将軍を暗殺（首を切り落とした）し、ベトリアという町を救った顛末がユデト記である。日本では、あまり知られていないが、モーツァルトは、十五歳にして、これを題材にしてオラトリオ「救われたベトゥーリア」を作曲している。

ユディトは絵画でも題材となっている。古くはボッティチェリやミケランジェロが描き、近世ではカラバッチョの絵が有名である。ダニエル記補遺にあるスザンナの挿話も多くの画家が題材としている。日本では、レンブラントの「長老たちに脅かされるスザンナ」やサンテールの「水浴するスザンナ」が多くの人に知られている。

1　貧困の原因

アポクリファにおいても貧困の原因は、個人の怠惰である。厄災は、社会や所属集団全体の背信が原因というよりも、むしろ個人や家族集団の不正義とされる行動、非論理的行為や神への背信が原因となっている。

「貧困と富は主が与えるもの」（シラ11.14）であるが、その原因は、人間の側にある。貧困の原因が、不信仰や悪行の結果であれば、それは、救済に値しない。旧約聖書でその萌芽が見られた貧困の二分類、良い貧困と悪い貧困が、アポクリファでは、強く意識されるようになる。「善人には与えよ。しかし、悪人には援助するな」（シラ12.7）と命じられる。善悪は、神への信仰の有無で判断される。「信仰深い人に施せ。だが罪人には援助するな。謙遜な人に善い業をせよ。しかし、不信仰な者には施すな。不信仰な者には食べ物を拒み、何も与えるな」（シラ12.4-5）という指示が正義にかなう。

2　貧困の保護と貧困の状態

個人的な責任とならない貧困は、旧約聖書と同様に保護の対象となる。「やもめを正しく扱い、孤児のために裁きを行い、乏しい人には与えよ。みなしごを保護し、裸の人に服を着せよ。うちひしがれた者、弱い者の世話をし、足の不自由な者をあざけることなく、体の不自由な人を守ってやれ。盲人に私の光を見させよ。老人も若い者も、お前の垣の中に入れて守れ」（エズラ〈ラテン語〉2.20-22）と述べられていて、社会的包摂がより重視されている。稼働能力が低いまたはない人も保護の対象となる。「のろまで、助けを必要とし、何もできず貧しさにあえいでいる人もいる」（シラ11.12）。こうした人々は、救済に値する。良き人は「心の痛みを覚える。貧しさゆえ、物に事欠く兵士」（シラ26.28）に何かしら与える。

貧困状態の悲惨さや、社会的排除も旧約聖書と同様である。「友は、お前が落ちぶれると、背を向け、お前の目から身を隠す」（シラ6.12）ことは、普通に起きる。「不幸なときは友でさえ離れていく」（シラ12.9）のだから、まして他の人々は、「落ちぶれたときは離れ去ってしまう」（シラ12.15）のである。「金持ちにとって貧乏な人は忌まわしい」（シラ13.20）存在であるばかりか、「貧乏な人は、金持ちに食い荒らされる牧草となる」（シラ13.19）しかない。しかも、旧約聖書と同じように、豊かではあるが非倫理的行為を行う人すら存在する。

「物乞いをして一生を送るな」（シラ40.28）という諭しは、現代でも妥当する。しかし、多くの「貧しい人にとって、パンは命そのもの」（シラ34.25）であり、それを得るためには、腰を低くし、「貧乏な人は不正を受けながら、しかも、わびなければならない」（シラ13.3）、つまり物乞いを続けるしかない。「貧しい者は労苦しても、生きるのが精一杯で、手を休めるとたちまち生活に困る」（シラ31.4）状態であり、貧困からの脱出は困難で、生涯、貧困であり続ける場合が多かった。

3　厄災の原因と状態

神の厄災は、やはり激しい。「主はその激しい憤りを武器とし」（智恵5.17）て使用する。それは不信仰への罰であり、不当な行為、非倫理的行動に対する懲罰である。「不法はすべての地を荒れ地に変え」（智恵5.21-23）、「不信仰な者を滅ぼす罰の剣」（シラ39.29-30）が製造される。

厄災は、旧約聖書と同様に自然災害や、飢餓、戦争の帰趨として描かれている。旧約聖書にはほとんど無いが、アポクリファにはでてくる厄災としては、猛獣や害虫があげられる。「火と雹、飢饉と死、これらはすべて刑罰のために造られた。牙をむき出す野獣、さそり、蝮《まむし》」（シラ39.29-30）というように自然災害と獣、害虫が並列されている。猛獣や害虫は、神からでた懲罰である。神の「全能の手は、数多くの熊やどう猛な獅子を遣わすこと」（智恵11.17）があり、また「あなたの軍隊の先駆けとして熊蜂を送られた」（智恵12.8）ために、全身を刺される。

自然災害は旧約聖書と同様のものが列記されている。その代表は、雹と雷であり、次に、大風、大波（津波というよりは、大風による高波と思われる）や洪水があげられている。「ねらいの定まった稲妻の矢が放たれ、引き絞った雲の弓から的を目がけて飛んで行く。怒りに満ちた雹が投石機から打ち出され、海の水が彼らを襲い、川が容赦なく押し流す。激しい風が彼らに立ち向かい、嵐となって彼らを吹き散らす」（智恵5.21-23）。地震もまた厄災として描かれている。「大地とその基は震え、海は深みから波立ち」（エズラ〈ラテン語〉16.12）、人々に襲いかかる。神の怒りの結果、「刑罰の道具として造られた風がある。それらの風は怒りを発し、その鞭を激しく振る」（シラ39.28）。

神の厄災のよって、「生あるものはすべて、死と流血、争いと剣、災難と飢饉、破滅と鞭打ちとを受ける」（シラ40.9）ことになり、最悪の場合には、「お前の子供たちは、飢えで死に、お前は剣で滅びる。お前の町々は破壊され、お前に属する者たちも皆、戦場で剣に倒れる。山にいる者たちは飢えで滅び、パンに飢えて自分の肉を食べ、水を渇き求めて血を飲む」（エズラ〈ラテン語〉15.56-58）ことになる。

旧約聖書と同じように人々は、神の憐れみにすがる。「主がわたしたちを憐れんで救ってくださるよう」（トビト8.4）と祈る。祈りが通じれば感謝に変わる。「あなたは、わたしたちを豊かに憐れんでくださいました」（トビト8.16）と神に礼を捧げる。

自分だけに憐れみを乞うだけでなく、身内や社会的に不利を被っている人々への配慮も忘れてはいない。家族の幸福を願い、「主よ、二人に憐れみと救いを与えて下さい。彼らが喜びと憐れみのうちに、生涯を全うすることができますように」（トビト8.19）という祈りを捧げ、社会的に排除されている人々のことを「虐げられ、疎まれている者たちにも心を配ってください」(マカバイⅡ1.27)と神に頼む。反対に、非倫理的な人々に対しては、「過酷で傲慢不遜なやからを痛めつけてください」(マカバイⅡ1.28)という報復の願い、のろいが発せられる。

4　清貧と試練

旧約聖書、アポクリファを通じて、これまで描いてきたこととは異なる貧困の様相がある。それは、神に従う結果としての貧困、つまり清貧である。神に立ち返る、もしくは神への信仰を堅持することによる貧困は良い貧困である。良い貧困は、神の賜物としての智恵の力であると同時に、人間の意志による選択でもある。

また、神がそうした人間の意思を試すために試練を課す場合がある。障害や病気が、神の処罰ではなく、信仰のもとでのよりよい生活の為のいわば試験として対象となった人間の身に降りかかる。

旧約聖書における清貧は、「乏しくても主を畏れ」(箴言15.15)る生活である。「乾いたパンの一片しかなくとも平安がある」(箴言17.1)ことが最も幸せな人生である。神への信頼のもとで、「肥えた牛を食べて憎しみ合うよりも青菜の食事で愛し合う」(箴言15.17)。清貧を「嘲る者は造り主をみくびる者」(箴言17.5)であり、決して赦されることはない。逆に「無垢な人々は良い嗣業を受ける」(箴言28.10)資格を持ち、天国へ至る。

清貧の価値は、「貧乏でも完全な道を歩む」(箴言19.1/28.6)ところにある。清貧に甘んじている人は、「唇の曲がった愚か者よりも」(箴言19.1)、また「二筋の曲がった道を歩む金持ちよりも」(箴言28.6)幸福な世界にいる。愚かな権力者は、清貧に甘んじることができない。あとでみる新約聖書にあるイエスが語った「財産のある者が神の国に入るのは、なんと難しいことか、金持ちが神の国に入るよりも、らくだが針の穴を通る方がまだ易しい」(マタイ19.23-24/ルカ18.24-25)ということばに通じるものがある。

愚かな金持ちや権力者に比べれば、「貧しくても利口な少年の方が」（コレヒト4.13）神に忠実である。神に忠実な人は、「再び飢えることがない」（サムエル上2.5）ばかりでなく、神が、「高貴な者と共に座に着かせ栄光の座を嗣業としてお与えになる」（サムエル上2.8）のである。

アポクリファでもやはり清貧は、主を畏れることである。それが、「改宗者や外国人や貧しい人、彼らの誇り」（シラ10.22）である。ユダヤ人だけでなく、改宗者、外国人というように、神に従い清貧に甘んじる人々の範囲が広がっている。それに対して、「貧乏が悪であるとは、不信仰な人を言うことである」（シラ13.24）と述べられていて、二つの貧困、良い貧困と悪い貧困が対比されている。

清貧の価値は、「貧しさゆえに、罪を犯さないで済む」（シラ20.21）ことにある。不信仰や、神の律法からの逸脱は、裕福な人ほどおきやすい。「裕福で病気に苦しんでいる」（シラ30.14）人は、神の罰を受けている。それならば、「貧しくとも、梁がむき出しのわが家で暮ら」（シラ29.22）し、「貧しくても健康で体力のある方が」（シラ30.14）よりよい生活といえる。そうした人について、「聡明な貧しい人をさげすむのは正しいことではない」（シラ10.23）としている。

貧困や、神からの厄災が人への懲罰ではなく、正しい人が、より神への信頼を増すための試練として与えられることがある。創世記には、ユダヤ人の祖であるアブラハムが、神の命じるままに、たった一人の子どもイサクを生け贄として捧げる挿話が描かれている。神は、自分の子を命じられるままに捧げようとしたアブラハムを祝福し、生け贄の雄羊を身代わりとして贈った。神を畏れるアブラハムに対して「あなたを豊かに祝福し、あなたの子孫を天の星のように、海辺の砂のように増やそう」（創世22.17）と約束する。

ヨブ記では、主人公のヨブは、「無垢な正しい人」（ヨブ1.1）であったが、「利益もないのに神を敬う」（ヨブ1.9）かどうか試された。財産も家族も奪われ、「ひどい皮膚病」（ヨブ2.7）にかかっても、「彼は唇をもって罪を犯すことをしなかった」（ヨブ2.10）。

「主を畏れ敬うこと、それが智恵」（ヨブ28.28）であることが確信できていても、自らの生活を自ら正しい生き方だと自認すること自体、自ら誇ることこそが、神の意に沿わない。「私は潔白で、罪を犯していない。私は清く、とがめられる理由はない」（ヨブ33.9）という主張は誤りである。身を低くしつねに悔い改める人に神の祝福がある。ヨブは、「塵と灰の上に伏し、自分を退け、悔い改め」（ヨブ42.6）ると誓い、神はヨブの財産、家族を元よりも多くした。

アポクリファのトビト記では、主人公のトビトは、自ら「生涯を通じて真理と正義の道を歩み続けた」（トビト1.3）と告白している。「同族の者たちに慈善の業を行った」（トビト1.16）り、死者を弔ったりしたが、アッシリアの王に財産を没収され、さらには、失明してしまう。トビトは、「わたしは御前に罪を犯し、あなたの掟に従わなかった」（トビト3.3-4）と懺悔をする。最後に神は「祈りを聞き入れられ」（トビト3.17）て、使いを送り視力を回復させた。ヨブが受けた大きな悲惨よりは程度は軽いが、神の試練を受けた者が、より神を畏れ、頼ることによって、従前よりも良い生活となる、貧困や悲惨さから脱却できることが描かれている。

なお、ヨブ記に現れる悪魔は、サタンと呼ばれ、トビト記に現れる天使はラファエルと呼ばれている。十戒に神の名をみだりに呼んではならいと定められているため、その使いもほとんど無名であり、このように名付けられていることは聖書中他にはあまり見当たらない。

第3章　新約聖書に書かれた貧困

新約聖書は、福音書、使徒の行伝（言行録）、使徒の手紙、黙示録の四編に大別できる。福音書は、主としてイエスの事績が記述されているが、その性格上マタイ、マルコ、ルカの三書は共観福音書（Synoptic Gospels）と呼ばれている。ヨハネによる福音書は、やや性格が異なり、グノーシスに近い思想的背景を持つ。貧困については、ローマ帝政初期のオリエントにおける社会的格差や身分による差別と社会的排除の現状および人々が求めた救済の在り方やそれに対する初期クリスチャンの解答が詳述されている。

キリスト教信仰における救世主（メシヤ、そのギリシャ語訳がキリスト）としてのイエスは、聖書の系譜上は、ダビデの子孫であり、後に紹介するルツをも祖先としている（マタイ1.1-17、ルカ3.23-38）。その点で、イエスは、旧約の預言の成就そのものであった。イエス自身も「わたしが来たのは律法や預言者を廃止するためだ、と思ってはならない。廃止するためではなく、完成するためである」（マタイ5.17）と語っている。

新約聖書の中では、直接貧困について記述している箇所は少ない。福音書では、「貧しい」という語そのものが、あまり多くは使われていない。「貧しい」という語は、山上の教えの冒頭、やもめの献金のエピソードおよびラザロの寓話にしかでてこない。つまり貧困を直接描写しているのではなく、貧困の原因又は結果としての病気や障害の様々な態様とそれに対するイエスや使徒たちの対応が繰り返し記述されている。

イエスの時代に貧困が無かったわけではない。貧しい人々は普通の存在であった。「貧しい人々はいつもあなたがたと一緒にいる」（ヨハネ12.8）ことが普通であった。また、貧困や病気、障害は神の罰であるという人々の意識は、旧約聖書やアポクリファに書かれているものとの違いはあまりない。イエスの弟子でさえ、目の見えない人を前にし「だれが罪を犯したからですか。本人ですか。それとも両親ですか」（ヨハネ9.2）と尋ねている。それに対してイエスは「本人が罪を犯したからでも、両親が罪を犯したからでもない。神の業がこの人に現れるためである」（ヨハネ9.3）と答えている。ここに新約聖書の貧困観や新しい救貧の兆しをみることができる。

コラム３　聖母マリア

イエスの母マリアは、神の使いから、男の子を産むと告げられる。「その子をイエスと名付けなさい。この子は自分の民を罪から救うからである」（マタイ1.21）。イエスは「聖なる者、神の子と呼ばれる」（ルカ1.35）ことになる。

神の使いは、「聖霊があなたに降り、いと高き方の力があなたを包む」（ルカ1.35）と祝福する。祝福を表す象徴が金星、とりわけ明けの明星であり、百合の花である。受胎告知を題材とした絵画のほとんどが、その中に百合の花を描いている。

カトリック教会のいくつかはマリアに捧げられているが、最も有名なのがノートルダム・ド・パリである。マリアは、ヨハネと婚約しているが、処女のまま妊娠し、イエスを生んだため、アダムとイブに由来する原罪から免れていると信じられている。イエスの復活と昇天後にマリアもまた昇天したとする伝説もある。マリアは、神とその御子に人間の祈りを仲介する。マリアに頼ることで奇跡が生じる。大乗仏教の仏になる直前の存在である菩薩が人々の祈願を仏陀につなげていくことと同じように、人々はマリアを通じて、イエスや神につながっていく。マリアは、「教会の母でもあり、教会そのものでもある。キリスト教世界の生みの母であり、すべての信者の母だと見なされた」（竹下節子 1998：105）のである。

こうしたマリア信仰から、多くの芸術家がマリアを主題としてきた。絵画では、先に挙げた受胎告知の他、イエスの誕生後ヘロデの迫害を逃れるためのエジプトへの逃避、イエスの十字架上の死を悼む悲しみの聖母（ピエタ）のモチーフを多くの画家が描いている。音楽では、モンテヴェルディ「聖母の夕べの祈り」やモーツアルト「スタバト・マーテル」が有名である。

1　貧困の状態

貧しく、施しの対象となる人々の多くは、障害者や疾病を抱えた人である。また、夫のない女性や母子世帯も貧困状態にあることが多い。やもめの多くは夫と死別した者といえるが、生別もあったと思われる。福音書には「夫が妻を離縁することは、律法に適っているでしょうか」（マタイ 19.3）という問がイエスに対して発せられている。その直後の節には「モーセは、離縁状を渡して離縁するように命じた」（マタイ 19.7）ことが記されている。この部分のおおもとは申命記にある。夫が妻を「気に入らなくなったときは、離縁状を書いて」（申命 24.1）離婚できる。その場合、妻は、実家に身を寄せることは可能である（レビ 22.13 による）。後節でみる貧しいやもめの挿話は、死別、生別を問わず、夫のいない女性が実家に身を寄せることができない場合が多かったことを物語っている。

福音書や使徒言行録には、数多くの障害や疾病の描写がある。障害は、肢体不自由、盲、ろうといった身体障害と、てんかんその他の精神障害が記述されている。疾病では、ハンセン病、熱病、脳卒中等が描かれている。ちなみに、ハンセン病は、新共同訳では、「重い皮膚病」という用語に置き換えられているが、英語の BIBLE では、“The three accounts tell us that a leper‘came and worshipped Him’.”（Matthew〈マタイ〉8.2）と病名を隠すことをしていない。差別的用語の使用をひかえるということは理由にならない。もし、非差別的な記述を徹底するというならば、障害、疾病とも慣用的な用語ではなく、現在承認されている医学用語にすべて置き換えるべきであろう。例えば「手の萎えた」、「中風」等が多用されているが、それぞれ上肢麻痺、脳血管障害等の表記が望ましいのではないだろうか。

障害や疾病の具体的な描写を以下にいくつか挙げてみたい。これらの記述では、多くの障害者や病人が、回復や治療のための何らかの手立てを持たず、介助もないままであったことが一般的であったことが推測できる。ある程度財産があっても、病気が長引いたり、後遺症や障害のためにそれを使い果たし、結果として貧困状態になることも往々にしてあった。「十二年間も出血が止まらない女がいた。多くに医者にかかって、ひどく苦しめられ、全財産を使い果たしても何の役にも立たず、ますます悪くなるだけであった」（マルコ5.25-26／ルカ8.43）。また、肢体不自由や盲目となってしまうと物乞いをする意外に生きて行く方法がほとんど無い。福音書には、「二人の盲人が道端に座っていた」（マタイ20.30）、「バルティマイという盲人の物乞いが道端に座っていた」（マルコ10.46）、「ある盲人が道端に座って物乞いをしていた」（ルカ18.35）等の記述がいくつか見られる。言行録にも「（足の不自由な男は）神殿の境内に入る人に施しを乞うため、毎日「美しの門」という神殿の門のそばに置いてもらっていた」（使徒言行録3.2）という記述がある。

◎障害・疾病の有様

○身体障害

「（ベトザタという池の）回廊には、病気の人、目の見えない人、足の不自由な人、体の麻痺した人などが、大勢横たわっていた」（ヨハネ5.3）

「（会堂に）片手の萎えた人がいた」（マタイ12.10／マルコ3.1／ルカ6.6）

「十八年間も病の霊に取りつかれている女がいた。腰が曲がったまま、どうしても伸ばすことができなかった」（ル

カ13.11）
「ある百人隊長に重んじられている部下が、病気で死にかかっていた」（ルカ7.2）
「（ベトサダの池の回廊に）三十八年間も病気で苦しんでいる人がいた」（ヨハネ5.5）
「リストラ（地名）に、足の不自由な男が座っていた。生まれつき足が悪く、まだ一度も歩いたことがなかった」（使徒言行録14.8）

○精神障害
「悪霊に取りつかれている男がやって来た。この男は長い間、衣服を身につけず、家に住まないで墓場を住まいとしていた。鎖につながれ、足枷をはめられて監視されていたが、それを引きちぎっては、悪霊によって荒れ野へと駆り立てられていた」（ルカ8.26-29）
「会堂に、汚れた悪霊に取りつかれた男がいて」（ルカ4.33）

○その他の疾病
「ある百人隊長に重んじられている部下が、病気で死にかかっていた」（ルカ7.2）
「（ベトサダの池の回廊に）三十八年間も病気で苦しんでいる人がいた」（ヨハネ5.5）
「全身重い皮膚病にかかった人がいた」（ルカ5.12）
「シモン（ペトロ）のしゅうとめが熱を出して寝込んでいる」（マタイ8.14/マルコ1.30/ルカ4.38）

こうした人々はイエスの奇跡に望みを託した。イエスのもとには、多くの障害者、病人が運ばれてきた。イエスは、彼らを憐れみ、障害や病気を治した。その際にしばしば「あなたの罪は許された」もしくは、「あなたの信仰があなたを救った」と語りかけている。旧約聖書やアポクリファでは、神の罰や試練としての貧困や病気、障害が神に立ち返ることで、癒やされる。前に引いたヨブやトビトは、自らを神の前に低くしてその試練を乗り越えたが、新約聖書では、神が直接癒しを与えるのではなく、イエスが、その死後は弟子たちが罪の許しと共に治療や救済にあたっている。人々がイエスや弟子たちに、いかに治癒を請うたかをいくつか挙げてみたい。

◎奇跡を望んだ人々

○イエスに対する人々の期待

「足の不自由な人、目の見えない人、体に不自由な人、口の利けない人、その他多くの病人を連れて来て、イエスの足もとに横たえた」（マタイ15.30）。

「人々は病人を皆イエスのところに連れて行った」（マタイ14.34/マルコ1.32/マルコ6.55/ルカ4.40）

「人々は悪霊に取りつかれた者を大勢連れて来た」（マタイ4.24/8.16）

「ひとりの盲人をイエスのところに連れて来て」（マルコ8.22）

「耳が聞こえず舌の回らない人を連れて来て」（マルコ7.32）

「悪霊に取りつかれて口の利けない人が、イエスのところに連れて来られた」（マタイ9.32）

「人々が中風の人を床に寝かせたまま、イエスのところへ連れて来た」（マタイ9.2/マルコ2.3/ルカ5.18）

○当事者自らもイエスに会おうとする

「おびただしい民衆が病気をいやしていただくために来ていた」（ルカ6.17-18）

「悪霊に取りつかれた者が二人、墓場から出てイエスのところにやってきた。二人は非常に狂暴で、だれもその辺りの道を通れないほどであった」（マタイ8.28/マルコ5.24）

「汚れた霊に取りつかれた幼い娘を持つ女が、来てその足もとにひれ伏した」（マルコ7.25）

「十二年間も患って出血が続いている女が近寄ってきて」（マタイ9.20）
「重い皮膚病を患っている十人の人が出迎え」（ルカ17.12）
○イエス自身が障害者や病人を発見する
「イエスの前に水腫を患っている人がいた」（ルカ14.2）
「生まれつき目の見えない人を見かけられた」（ヨハネ9.1）
○家族等の希望と訴え
「（息子が）てんかんでひどく苦しんでいます。度々火の中や水の中に倒れるのです」（マタイ17.15）
「悪霊が取りつくと、この子は突然叫びだします。悪霊はこの子にけいれんを起こさせて泡を吹かせ、さんざん苦しめて、なかなか離れません」（ルカ9.39）
「主よ、私の僕が中風で家に寝込んで、ひどく苦しんでいます」（マタイ8.6）
○弟子たちへの期待
「人々は病人を大通りに運び出し、担架や床に寝かせた」（使徒言行録5.15）
「生まれながら足の不自由な男が運ばれてきた」（使徒言行録3.2）
「人々は病人を大通りに運び出し、担架や床に寝かせた」（使徒言行録5.15）
「中風で八年前から床についているアイネアという人に会った」（使徒言行録9.33）

2　神の厄災

旧約聖書やアポクリファほどではないが、新約聖書の中でも神からの厄災を預言している。福音書の他、使徒の手紙や黙示録中にそうした記述が見られる。使徒言行録では、そうした厄災が預言の通りに実際に起こったとの記載もある。

イエスは、戦争と飢饉や天災についていくつかの預言を行っている。それは、「ロトがソドムから出て行ったその日に、（神によって）火と硫黄が天から降ってきて、一人残らず滅ぼしてしまった」（ルカ17.29）と同様の厄災だと告げている。

「民は民に、国は国に敵対して立ち上がり、方々に飢饉や地震が起こる」（マタイ24.7/マルコ13.8/ルカ20.10-11）。それが神による厄災の最初の兆候である。「その苦難の日々の後、たちまち太陽は暗くなり、月は光を放たず、星は天から落ち、天体は揺り動かされる」（マタイ24.29/マルコ13.24-25）ことが続く。

弟子たちも兆候を示す。「地に徴を示そう。血と火と立ちこめる煙が、それだ」（使徒言行録2.19）と述べている。実際に、ローマ帝国期初期にそうした厄災が起こった。「大飢饉が世界中に起こると〝霊〟によって予告したが、果たしてそれはクラウディウス帝の時に起こった」（使徒言行録11.28）と記されている。

使徒と呼ばれる人々が信者に送った手紙の中では、旧約聖書の預言を思い起こして、クリスチャンを戒めている。神は「不信心な者たちの世界に洪水を引き起こし」（ペトロⅡ2.5）、「神はソドムとゴモラの町を灰にし、滅ぼし尽くして罰し」（ペトロⅡ2.6）た。また「世界は、その水によって洪水に押し流されて滅んでしまいました」（ペトロⅡ3.6）とペテロは人々に告げている。厄災が起きた「その日、天は焼け崩れ、自然界の諸要素は燃え尽き、熔け去る」（ペトロⅡ3.12）惨状となってしまう。神に背く人々は、あたかも「風に追われて雨を降らさぬ雲、実らず根こぎにされて枯れ果ててしまった晩秋の木、泡に吹き出す海の荒波、永遠に暗闇が待ち受ける迷い星」（ユダ1.12-13）のごとく孤独と悲惨な生涯をおくる。

ヨハネによる黙示録は、この世の終末を描いているが、それは、反キリストの受ける処罰であり、この世における最後の厄災である。旧約聖書に描かれた厄災が、黙示録にも描かれているが、これは、神を信じる人々にとっては、旧約聖書における試練とほとんど同じことである。モーツアルトの「魔笛」最終楽章は、こうした最後の試練を劇的に表現している芸術作品の一つであり、その描写は現在も多くの人々を引きつける。

まず、「大地震が起きて、太陽は毛の粗い布地のように暗くなり、月は全体が血のようになって、天の星は地上に落ちた」（黙示録6.12）。それから、「天使が香炉を取り、それに祭壇の火を満たして地上に投げつけると、雷、さまざまな音、稲妻、地震が起こった」（黙示録8.5）。さらに「血の混じった雹と火が生じ、地上に投げ入れられた。地上の三分の一が焼け、木々の三分の一が焼け、すべての青草も焼けてしまった」（黙示録8.7）というように厄災は連続しておきる。

厄災によって多くの人々の命が失われる。「松明のように燃えている大きな星が、天から落ちて来て、川という川の三分の一と、その水源の上に落ちた。そのために多くの人が死んだ」（黙示録8.10-11）。また、「大地震が起こり、都の十分の一が倒れ、この地震のために七千人が死に」（黙示録11.13）、「稲妻、さまざまな音、雷、地震が起こり、大粒の雹が降った」（黙示録11.19）。結局、「稲妻、さまざまな音、雷、地震が起きた。それは、人間が地上に現れて以来、いまだかってなかったほどの大地震であった。あの大きな都が三つに引き裂かれ、諸国民の方々の町が倒れた」（黙示録16.18-19）が、それは、神から離反した不信仰な人々への最終的な懲罰であった。

3　山上の教え

山上の教えは、共観福音書の中でも特に有名な箇所であり、その始めにある、祝福の言葉は、弱い立場にある者の胸を打つ。貧しい人は、イエスから真の慰めを得る。

ただし、山上の教えの記述はマタイとルカではかなり違いがある。マタイは信仰とそれを伴う行為を重視しているが、ルカは直接的に貧困状態とその慰めを述べている。

マタイは、イザヤ書に書かれている神の救いの約束が、イエスによって実現すると説いている。神が約束する「見よわたしの僕らは糧を得る。飲むことができる。喜び祝う」（イザヤ65.13）という預言は、イエスによって「心の貧しい人は幸いである、天国はその人たちのものである」（マタイ5.3）と保障される。同時に「義に飢え渇く人々は、幸いである、その人たちは満たされる」（マタイ3.6）ことがイエスを信じる者に実現する。イエスを信じる者は「柔和な人々は、幸いである。その人たちは地を受け継ぐ」（マタイ5.5）という保障を得る。

それに対してルカは、より直接的に貧しいこと自体が救済に価するとしている。逆に富者が神の国に入るのは、前に記したように「らくだが針の穴を通る方がまだ易しい」（マルコ10.25/ルカ18.25）ほど困難である。富者が神の国に入るには、旧約聖書と同じように清貧の境遇に入る必要がある。

ルカは、「貧しい人々は、幸いである、神の国はあなたがたのものである」（ルカ6.20）と貧困が神による救済の対象であることを宣言する。困窮している人々に対して「今飢えている人々は幸いである、あなたがたは満たされる。今泣いている人々は幸いである。あなたがたは笑うようになる」（ルカ6.21）と慰める。

イエスは、富者への忠告、もしくは道徳律もここで披露している。アポクリファに書かれた慈善の方向が、より強く打ち出されている。一つは、行為の秘密性であり、一つは、無差別性である。その基礎に神の愛があるとしている。

行為の秘密は、「見てもらおうとして、人の前で善行をしないように注意しなさい」（マタイ6.1）という忠告と、もっと直接的な「施しをするときは、右の手のすることを左の手に知らせてはならない。あなたの施しを人目につかせないためである」（マタイ6.3-4）という命令によって義務づけられる。

無差別性は、自他の区別をしないことから始まる。「人にしてもらいたいと思うことは何でも、あなた方も人にしなさい」（マタイ7.12）、「人にしてもらいたいと思うことを、人にもしなさい」（ルカ6.31）という命令は、「求める者には、だれにでも与えなさい」（ルカ6.30）という無差別な施与につながる。「与えなさい。そうすれば、あなたがたにも与えられる」（ルカ6.38）とイエスは語るが、慈善行為の報酬は、世の中からの賞賛ではなく、「人に善いことをし、何も当てにしないで貸しなさい。そうすれば、たくさんの報いがあり、いと高き方の子となる」（ルカ6.35）というような神の愛と許しである。神の愛を受けるには、「あなた方の父が憐れみ深いようにあなたがたも憐れみ深い者となりなさい」（ルカ6.36）という忠告を実行するしかない。そうすれば「憐れみ深い人々は、幸いである。その人たちは憐れみを受ける」（マタイ5.7）ことができる。

4　貧しいやもめの挿話とラザロの挿話

貧しいやもめの挿話は、貧困自体だけでなく、貧困の中で救済を求める切実さをよく表している。聖書がやもめを取り上げている理由は、その存在自体が貧困であることを物語っているからである。中世においても「最も深い苦しみを味わっていたのは誰だっただろうか。それは、いうまでもなく寄る辺のない婦人、特に子どもをかかえた寡婦や未婚の母親たちであった」（阿部謹也1988：134-135）とされている。ローマ帝政初期にもこうした貧しい女性たちは数多くいたであろう。彼女たちは「市民権を持たず、身分制度から、金銭の原理からはじき出されてしまって」いて、毎日「次の食事の費用をどうするかということ」（阿部謹也1988：135-138）以外、他のことを考えるゆとりさえなかった。

ユダヤ教の神殿に多くの人がお参りをして賽銭箱には大金が投げ入れられる。独りの貧しいやもめが銅貨二枚（二レプトン）を投げ入れる。それを見ていたイエスは、次のように語る。

「この貧しいやもめは、賽銭箱に入れている人の中で、だれよりもたくさん入れた。皆は有り余る中から入れたが、この人は、乏しい中から自分の持っている物をすべて、生活費を全部入れたからである」（マルコ12.43-44）。「この貧しいやもめは、だれよりもたくさん入れた。あの金持ちたちは皆、有り余る中から献金したが、この人は、乏しい中から持っている生活費を全部入れたからである」（ルカ21.3-4）。

この挿話では、イエスは、救済について直接語ってはいないが、やもめの行為を賞賛することで間接的に救済の条件を示している。仏教説話の「貧者の一灯」は、この挿話に類似している。これは、最も貧しい者、一説には老女の献身が仏陀に喜納され、彼女が献げた灯明は永遠に輝くという説話である。

古代の民衆の生活は、「慢性的飢餓のほうが日常的であった」といわれている。「絢爛たる文明のかげには、飢餓線をさまよう無数の民衆たちの生活があった」（三笠宮崇仁編1991：301）のである。飢餓線上の生活をせざるを得ない最貧層の救済への希求、つまり、生活の糧すべてを投げ出しても何とか神に受け入れられたいという切なる願い、そうした状態へ追い込まれてしまった人々への同情と共感がイエスの言葉からくみ取れる。こうした貧困への共感が、現代の社会保障の思想的源流に一つとなっている。

貧しいことが救済の条件であることは、ルカによる福音書のラザロと金持ちの挿話が最も具体的である。金持ちとラザロという貧民がいたが、やがて二人とも死ぬ。金持ちは「陰府（原文の通り）でさいなまれながら目を上げると、宴席でアブラハムとそのすぐそばにいるラザロが、はるかかなたに見えた」。金持ちは憐れみを求めるがアブラハムは「お前は生きている間に良いものをもらっていたが、ラザロは反対に悪いものをもらっていた。今は、ここで彼は慰められ」ると告げる（ルカ16.19-26）。

この挿話は、「貧しい人々は、幸いである、神の国はあなたがたのものである」（ルカ6.20）及び、「今飢えている人々は幸いである、あなたがたは満たされる今泣いている人々は幸いである。あなたがたは笑うようになる」（ルカ6.21）という山上の教えを具体的に物語っているだけでなく、積極的な清貧思想にも直接つながっている。

5　積極的な清貧

新約聖書では、貧しいことが所有しないことと同一であり、所有しないことが救済につながるという積極的な清貧思想をみることができる。イエスは、二つのことを同時には実現できないと語る。「神と富とに仕えることはできない」（マタイ6.24）のである。

神の恩寵にあずかるには、律法を守れとイエスは言うがそれだけでは資格に欠ける。「完全になりたいのなら、行って持ち物を売り払い、貧しい人に施しなさい」（マタイ19.21／マルコ10.21／ルカ18.22）という命令を実行すれば「天に富を積むことになる」（マタイ19.21／マルコ10.21／ルカ18.22）。その上でイエスに従うことで永遠の命を得る。

富を持ったまま神の恩寵を受けるのは、前に述べたように「らくだが針の穴を通る方がまだ易しい」（マルコ10.25／ルカ18.25）ほど困難である。

しかし、「天の父は、求める者に良い物をくださる」（マタイ7.11／ルカ11.13）のである。「『何を食べようか』『何を飲もうか』『何を着ようか』と言って思い悩む」（マタイ6.31／ルカ12.29）必要は無い。「種も蒔かず、刈り入れもせず、倉に納めもしない」（マタイ26／ルカ12.24）空の鳥でさえ神は養っている。同じように人間に真に必要な物は、神から与えられるとイエスは語る。托鉢修道院を開いたアッシジのフランチェスコは、このエピソードをもとにローマ教皇に説教を行ったという伝説もある。

中世ヨーロッパでは、自発的貧民として、「自らの意思によって財産を放棄し、清貧の道を選んだ聖職者」、つまり霊的救済を望んだ「寄進者─多くの場合、富者ないし権力者」（長谷部史彦2004：95）が存在した。キリスト教における清貧は、こうした新約聖書の積極的な貧困（貧困に向かう生き方）を奨励している。イエスは、「自分の持ち物を一切捨てないならば、あなたがたのだれ一人として私の弟子ではありえない」（ルカ14.33）と述べている。自発的な貧困は、イエスの言葉を文字通り実践することで救済に値する存在となることを目指している。現代でも、全財産を慈善や教育文化のために寄付する高名な経営者が多い。例えば、鉄鋼王として知られるカーネギーは、ニューヨークの音楽ホールに今も名を残している。また、ある高名なＩＴ産業経営者は、全財産をアフリカの貧しい子ども達の教育の為に寄付している。

6　労働の対価と能力のある者の貧困

旧約聖書における貧困の二分類は、新約聖書では、やや異なる側面を見出すことができる。使徒たち、なかでもパウロは、労働の価値を説く。伝道と癒やしの働きは、「自分で得たパンを食べるように、落ち着いて仕事をしなさい」（テサロニケⅡ3.12）というほど日常そのものであった。イエスの弟子たちは、「わたしはこの手で、わたし自身の生活のためにも、共にいた人々のためにも働いた」（使徒言行録20.34）と自負する。

それに対する報酬は、「働く者に対する報酬は恵みではなく、当然支払われるべきものと見なされています」（ローマ4.4）とパウロは述べる。ただしその報酬は、「労苦して自分の手で正当な収入を得、〈困っている人々に分け与えるように〉」（エフェソ4.28）としている。福音書の中で、イエスが語った「働く者が報酬を受けるのは当然だからである」（ルカ10.7）という言葉をその弟子である使徒たちは、そのまま敷衍している。

イエスは、隠れた行為、「右の手のすることを左の手に知らせてはならない」（マタイ6.3）というほどの隠れた善行に対して神が直接報酬を与えると教えているが、それが、使徒によって働きの応じた報酬を人から受けることに等しいことにされた。この考え方は、プロテスタント、特にカルヴァン派の信仰で強調される。そこから、労働能力があるにもかかわらず働かない者に対して、厳しい対応が出てくる。「働きたくない者は、食べてはならない」（テサロニケⅡ3.10）というパウロの言説は、貧困を稼働能力で捉え、能力があるが稼働していないための貧困（怠業者）と能力のない者の貧困（無能力者）を厳しく峻別する。

「貧しい人に援助の手を差しのべよ」（シラ7.32）という旧約聖書の道徳律は、能力があってかつ働かないものにまでは及ばない。「貧しい人の口から出る願いは、主の耳に達し、主の裁定は、速やかに下される」（シラ21.5）という神の救済も同様に届かない。旧約聖書やアポクリファにおける不信仰や悪行の結果による悪い貧困に怠業が追加され、怠業自体が不信仰またはすべきことをしない悪であることになった。

第4章 旧約聖書とアポクリファにおける貧困への対応

アポクリファも含めて、旧約聖書全体を通じて、貧困の救済は親族間や共同体内の相互扶助が原則となっている。より豊かな親族が貧困にある縁者を救済する義務を負っている。しかし、貧者が怠惰である場合には、慈善行為は、彼に及ぶことはない。富者は貧者に施す義務があるが、貧者は誠実で勤勉でなければ慈善を受ける資格を持たない。

旧約聖書やアポクリファでは貧困に対する社会的責任の所在の追及が徐々に行われていった。また、貧困の解決として、神との契約が重視されている。それが、人間行動の道徳律となり、共同体の規範となって、貧困救済の制度が成立していった。神との契約が人間社会に反映し、社会契約が締結され、そこからヨセフの挿話に見られるような一般的な飢饉・災害対策が講じられることになっていった。さらに、自己責任と社会的責任、自助努力と社会的連帯や国家による制度形成といった公的責任の関係に関する重要な議論が原始的かつ萌芽的ではあるが示されている。

コラム4　イスラエル（ユダヤ）の十二部族とパレスチナ

アブラハムの子イサクはエサウとヤコブという二人の子を持つ。弟ヤコブがユダヤ十二部族の祖となった。ヤコブには、十二人の子ども（ヨセフとその兄弟）がいて、ヨセフは数奇な運命を経て（本文で紹介する）エジプトの宰相となり、一族をあげてエジプトへ移住する。その後モーセの指導の下、エジプトを脱出し、カナンの地に定住する。カナンには先住民族として山地にはモアブ族等が、地中海沿岸には、ペリシテ族が居住していた。このペリシテがパレスチナの語源となった。

ユダヤ十二部族は、ダビデ王朝までに統一されたが、第二代ソロモン王の死後南北に分裂し、南はユダ部族によるダビデ王朝が続くが、北は、十部族の有力者や軍指導者が王となり、血統の継続はほとんど無かった。また、十二部族の内、レビ族は、領地を持たず、そのかわり祭司職と神殿管理等を独占した。イエスは、その父ヨハネの血統としてはダビデ王家に属し（新約聖書では直系となっている）ていた。イエスは、旧約聖書のイザヤ書にうたわれている「エッサイの株から一つの若枝が育ちその上に主の霊がとどまる」（イザヤ11.1-2）者とされている。

十二部族は、次の通りである。ルベン、シメオン、ガド、ユダ、イサカル、ゼブロ、マナセ・エフライム（ヨセフの子孫は二部族となる）、ベニヤミン、ダン、アシュ、ナフタリ及び、レビ（嗣業（所有地）をもたないため別に数えられている）。ユダヤ人をエジプトから脱出させ、パレスチナに導いたモーセは、レビの出身とされている。

前章までに見てきたように、旧約やアポクリファでは、貧困の原因は、多くの場合人間の神に対する裏切りであった。人間が神を畏れ、信仰を取り戻す時に、神の救いの手が差し伸べられる。「神は憐れみ深く、罪を贖われる。彼らを滅ぼすことなく、繰り返し怒りを静め憤りを尽くされることはなかった」（詩篇78.38）。そうでなければ、ノアの時と同様に、何回も人間は滅ぼされ、ついには完全に地上から姿を消していたであろう。「主の慈しみは深く懲らしめても、また憐れんでくださる」（哀歌3.32）のである。

神は、「寛容をもって裁き、大いなる慈悲をもってわたしたちを治められる」（智恵12.18）方であり、「慈しみ深く、真実な方。怒るに遅く、すべてを治める憐れみ深い方」（智恵15.1）であった。神の憐れみは広大である。「主は慈しみ深く、憐れみ深い方」（シラ2.11）、「主は、情け深く大切に慈しまれる」（シラ17.21）であって、「人間の慈しみは、隣人にしか及ばないが、主の慈しみは、すべての人に及ぶ」（シラ18.13）のである。

ただし、救済は、神の意志であり、人間の意向で左右できるものではなかった。神は「わたしは恵もうとする者を恵み、憐れもうとする者を憐れむ」（出エ33.19）と宣言する。また、「主の憐れみは苦しみ悩むときに折良く与えられ」（シラ35.26）るのであって、人間の恣意的な要望にまで応えるものではない。

律法自体にも、「あなたの神、主が良しとし、正しいと見なされることを行うなら、あなたも子孫もとこしえに幸いを得る」（申命12.28）と書かれている。「主は従う人を飢えさせることはない」（箴言10.3）し、「神に従う人はどのような災難にも遭わない」（箴言12.21）、「主を畏れる人に、災難はふりかからない」（シラ33.1）とされる。「あなたが潔白な正しい人であるなら神は必ずあなたを顧みあなたの権利を認めてあなたの家を元どおりにしてくださる」（ヨブ8.6）。

しかし、貧困救済は、単に神への信仰を持つことだけで行われるのではなく、実際の行為を伴う必要があった。神は、「憐れみ深い人を苦しめることはなさらない」（ヨブ37.23）し、「あなたは慈しみに生きる人にあなたの慈しみを示」（サムエル下22.26／詩篇18.26）されるとあるように、慈善行為によって信仰が裏付けられる時に神の手が伸ばされる。「善を耕す人は慈しみとまことを得」（箴言14.22）、「正義を行うなら、再びその子らを憐れまれる」（トビト13.9）のである。

1　神の救済

貧しい人々は、神の救いを待ち焦がれ、飢えた人々は、満ち足りた食事と生活を神に祈願する。「貧しい人の口から出る願いは、主の耳に達し、主の裁定は、速やかに下される」（シラ21.5）ことが神の正義である。

神の憐れみのなかにいることで、人間は幸福を得る。「まことにあなたは恵みに満ち、憐れみ深い神」（ネヘミヤ9.31）と感謝する。「主の慈しみに生きる人の魂を主は守り神に逆らう者の手から助け出して下さ」（詩篇97.10）り、「主に清められた人々には恵みと憐れみがあ」（智恵3.9）る。

神は、「貧しい民を救い上げ」（サムエル下22.28/詩篇18.28）る。「乏しい人々に耳を傾けて下さ」（詩篇69.17）る。貧しい人々とりわけ、孤児や寡婦の状況は悲惨であり、神の救済が切実であった。だから、「主は寄留の民を守りみなしごややもめを励まされる」（詩篇146.9）と称えられる。神は、「みなしごの父となり、やもめの訴えを取り上げて下さる。神は孤独な人に身を寄せる家を与え」（詩篇68.6-7）られる。「みなしごの願いを無視されず、やもめの訴える苦情を顧みられる」（シラ35.17）。人々は、「あなたは虐げられた者の神、小さき者の助け主、弱き者の守り」（ユデト9.11）とたたえる。

貧困は、深刻な飢えをもたらす。そのために、神に食料を求める人々の声は、切迫感に溢れている。「主は恵み深く憐れみに富み主を畏れる人に糧を与え」（詩篇110.4）、「乏しい者も、糧を得、貧しい者も、安らかに伏す」（イザヤ14.30）ことを願う。「民が求めると、主はうずらをもたらし天のパンをもって彼らを満足させ」（詩篇105.40）、「虐げられている人のために裁きをし飢えている人にパンをお与えにな」（詩篇146.7）った。

パレスチナは「父祖の神、主が約束された、乳と蜜の流れる土地」（申命6.3）であるが、それでも食糧の円滑な供給は、天候に左右される。神を信じるならば、「わたしは、時季の応じて雨を与える。あなたたちは食物に飽き足り、国のうちで平穏に暮らすことができる」（レビ26.4-5）と神の保証が得られる。神の恵みがあれば、天候に恵まれ、人々は飢えから解放される。「主は、あなたが地に蒔く種に雨を与えられる。地の産み出す穀物は豊かに実る」（イザヤ30.23）。まさに、「主はあなたたちを救うために秋の雨を与えて豊かに降らせてくださる。元のように、秋の雨と春の雨をお与えになる」（ヨエル2.23）のである。

病気もまた、神の罰であり、その恢復は神の恵みであった。「わたしはあなたの中から病を取り除く。あなたの国には流産する女も不妊の女もいなくなる。わたしはあなたの天寿を全うさせる」(出エ23.25-26)と神は告げる。

人々は、神を頼み「主よ、あなたの憐れみは豊かです」(詩篇119.156)と祈る。神はそれに応えて、「憐れみを与えようとして立ち上がられ」(イザヤ30.18)、「あなたの呼ぶ声に答えて必ず恵みを与えられる」(イザヤ30.19)。まことに、「その貧しい人々を憐れんでくださった」(イザヤ49.13)のである。人々は、「主の慈しみは決して絶えない。主の憐れみは決して尽きない」(哀歌3.22)ことを知る。神は預言者を使わし、こうした憐れみと恵みを人々に告げる。神は、イザヤに「わたしを遣わして貧しい人に良い知らせを伝えさせる」(イザヤ61.1)と告げている。この良い知らせが、新約聖書の福音となる。

2　貧困救済の法律

律法には、貧者とはどのような人々かということが具体的に記述されている。また、貧困救済の具体的な方法を定めている。「この国から貧しい者がいなくなることはないであろう。それゆえ、わたしはあなたに命じる。この国に住む同胞のうち、生活に苦しむ貧しい者に手を大きく開きなさい」(申命15.11)と神は命じる。

生活の困窮に陥りやすい人として、外国人、孤児、寡婦、日雇い、障害者等が列挙されている。共同体の中で、こうした人々を虐待したり、不正義な行為を行ってはならないとされている。「お互いの間に正義を行い、寄留の外国人、孤児、寡婦を虐げず、無実の人の血を流さず」(エレミヤ7.5-6)、「互いにいたわり合い、憐れみ深くあり、やもめ、みなしご、寄留者、貧しい者を虐げず互いに災いを心にたくらんではならない」(ゼカリヤ7.9-10)という掟は、最も基本的な条項であった。

「寄留者を虐待したり、圧迫したりしてはならない」(出エ22.20)と神は命じている。「あなたたちは、寄留者を虐げてはならない。あなたたちは寄留者の気持ちを知っている」（出エ23.9）からである。

また、「寡婦や孤児はすべて苦しめてはならない。もし、あなたが彼を苦しめ、彼が私に向かって叫ぶ場合は、わたしは必ずその叫びを聞く。そして、わたしの怒りは燃え上がり、あなたたちを剣で殺す」（出エ22.20-23）と神は告げる。「みなしごの畑を侵してはならない」（箴言23.11）のである。為政者たちは、「善を行うことを学び裁きをどこまでも実行して搾取する者を懲らし、孤児の権利を守りやもめの訴えを弁護せよ」（イザヤ1.17）と命じられている。

救済方法としては、落ち穂拾い、公正な賃金支払い、負債の免除があげられている。また、アポクリファでは生活必需品の給付もあげられている。「生活に欠かせないものは、水と食物と衣類、それに私生活を守る家である」（シラ29.21）から、その給付は共同体に義務づけられる。

落ち穂拾いは、次のように定められている。

「穀物を収穫するときは、畑の隅まで刈り尽くしてはならない。収穫後の落ち穂を拾い集めてはならない。ぶどうも、摘み尽くしてはならない。ブドウ畑の落ちた実を拾い集めてはならない。これらは貧しい者や寄留者のために残しておかなければならない」（レビ19.9-10）

「畑で穀物を刈り入れるとき、一束畑に忘れても、取りに戻ってはならない。それは、寄留者、孤児、寡婦のものとしなさい」（申命24.19）

「オリーブの実を打ち落とすときは、後で枝をくまなく捜してはならない。それは寄留者、孤児、寡婦のものとしなさい。ブドウの取り入れをするときは、後で摘み尽くしてはならない。それは寄留者、孤児、寡婦のものとしなさい」（申命24.20-21）

公正な支払いについての規定は次の通りである。

「雇い人の労賃の支払いを翌朝まで延ばしてはならない。耳の聞こえぬ者を悪く言ったり、目の見えぬ者の前に障

害物を置いてはならない」（レビ19.13-14）

負債の免除には以下のような規定がある。

「同胞が貧しく、あなたに身売りしたならば、その人をあなたの奴隷として働かせてはならない。雇い人か滞在者として共に住まわせ、ヨベルの年まであなたのもとで働かせよ。その時が来れば、その人もその子どもも、あなたのもとを離れて、家族のもとに帰」（レビ25.39-41）ることができる。

「わたしたちは、七年ごとに耕作を休み、あらゆる負債を免除する」（ネヘミヤ10.32）。

「だれでも、同胞であるヘブライ人が身を売って六年間、あなたのために働いたなら、七年目には自由の身として、あなたのもとからさらせねばならない」（エレミヤ34.14）。

3　貧困救済における道徳律

富者や社会的地位の高い者にとって慈善行為等による貧困救済は、義務であり、慈善行為が道徳として求められていた。「施すべき相手に善行を拒むな、あなたの手にその力があるなら。出直してくれ、明日あげよう、と友に言うな、あなたが今持っているなら」（箴言3.27-28）と命じられる。

逆に慈善を行わないことは、罪とされた。「貧しい同胞を見捨て、物を断ることのないように注意しなさい。その同胞があなたを主に訴えるならば、あなたは罪に問われよう」（申命15.9）と定められている。

慈善を行う場合の行動規範も示されている。「恩着せがましい人間の施しには、だれも目を輝かせない」（シラ18.18）のである。慈善は、高慢な気持ちをともなってはならない。「与えるとき、心に未練があってはならない」（申命15.10）し、また「援助するときは、相手を傷つけるな。施すときも、相手をおとしめる言葉を吐くな」（シラ18.15）と戒められている。なぜならば、「人に行う施しは、主にとって、印章のように貴重であり、人の親切を、主は、御自分の瞳のように大事にされる」（シラ17.22）からである。富者にとって、慈善は神の正義の実行である。「慈善の道をわたしは歩き正義の道をわたしは進む」（箴言8.20）ことが求められる。

◎慈善に関する道徳律と効果

○慈善の奨励

「同胞が貧しく、自分で生計を立てることができないときは、寄留者ないし滞在者を助けるようにその人を助け、共に生活できるようにしなさい」（レビ25.35）

「どこかの町に貧しい同胞が一人でもいるならば、その貧しい同胞に対して心をかたくなにせず、手を閉ざすことなく、彼に手を大きく開いて、必要とするものを十分に貸し与えなさい」（申命記15.7-8）

「孤児たちに対しては父親のようになり、孤児たちの母親に対しては、その夫がするように手助けするがよい」（シラ4.10）

「施しをする機会を逃してはならない」（シラ7.10）

「貧しい人に援助の手を差しのべよ」（シラ7.32）

「生きとし生けるもの、すべてに恵みを施せ」（シラ7.33）

「貧しい人には寛容であれ。施しを延ばして相手を待たせてはならない。主の掟に従って貧しい者を助けよ。その人が困っているとき、空手で帰すな」（シラ29.8-9）

○慈善は、神から報われる

「善人は善人として、その良い行いに応じて報いをもたらす」（列王記上8.31）

「気前のよい人は自分も太り他を潤す人は自分も潤う」（箴言11.25）
「貧しい人を憐れむことは幸い」（箴言14.21）
「弱者を憐れむ人は主に貸す人。その行いは必ず報いられる」（箴言19.17）
「寛大な人は祝福を受ける。自分のパンをさいて弱い人に与えるから」（箴言22.9）

○慈善によって罪が許され、命が救われる

「施しの業は、罪を償う」（シラ3.30）
「慈善は死から救う」（箴言10.3/11.4）
「慈善は命への確かな道」（箴言11.19）
「命は慈善の道にある。この道を踏む人に死はない」（箴言12.28）
「恵みと慈しみを追い求める人は命と恵みと名誉を得る」（箴言21.21）
「正義と恵みの業を行うなら、すなわち人を抑圧せず、負債者の質物を返し、力づくで奪わず、飢えた者に自分のパンを与え、裸の者に衣服を着せるなら彼は必ず生きる」（エゼキエル18.6-9）
「悪人でも、悪から離れて正義と恵みの業を行うなら、それゆえに彼は生きる」（エゼキエル33.19）
「お前は窮乏の日に備えて、自分のために善い宝を積むことになるのだから。施しをすることで人は死から救われ、暗黒の世界に行かずに済むのである」（トビト4.9-10）
「慈善の業は、死を遠ざけ、すべての罪を清めます。慈善を行う者は、幸せな人生を送ることができます」（トビト12.9）

○慈善は、天国への道である

「慈しみ深い人は自分の魂を益する」（箴言11.17）

「慈善は完全な道を歩む人を守る」（箴言13.6）
「施しは、それをするすべての者にとっていと高き方の御前にささげる善い捧げ物となる」（トビト4.11）

道徳律のなかには、慈善以外の貧者への対応、貧困救済に関するものもある。特にアポクリファでは、慈善行為以外での貧者や、社会的に弱い立場の人とへの関わりが勧められている。「貧しい人の生活を脅かすな。乞い求めているまなざしの人をじらすな。飢えている人を悲しませるな。途方に暮れている人を怒らせるな。いらだっている人を更に苦しめるな。乞い求めている人に与えることをためらうな。悩んで助けを求めている人を拒むな。貧しい人から顔を背けるな。物乞いする人から目を背けるな」（シラ4.1-5）と命じられている。また、身分の高い者は、「貧しい人の訴えに耳を傾け、穏やかにそして柔和に、答えるがよい」（シラ4.8）という義務を負う。

疾病については、「病人を見舞うのをためらうな」（シラ7.35）とされている。友人や近隣関係についても「友人に親切を尽くしておけ。できるかぎり手を差し伸べて、援助せよ」（シラ14.13）とされ、「隣人が困っているときは貸してやれ」（シラ29.2）と勧められている。

慈善を伴わない殖産は、吝嗇として戒められている。「慈悲の心を持たず、施しをしない者には、幸福はやって来ない」（シラ12.3）。「貧しい境遇を軽蔑したりすべきでない」（シラ22.23）のであり、「弱者を虐げる者は造り主を嘲る。造り主を尊ぶ人は乏しい人を憐れ」（箴言14.31）まねばならない。「貧しい人とともに心を低くしている方が傲慢な者と分捕り物を分け合うよりよい」（箴言16.19）のであって、「利息、高利で財産を殖やす者は集めても、弱者を憐れむ人に渡すことになる」（箴言28.9）結果となる。富は、正しい方法で良い貧困のために使うべきだとされていた。

4　具体的な方法1——ヨセフの挿話（古代における国家救済〈社会保障の萌芽〉）

創世記第37章から48章にかけてのヨセフの物語は、ユダヤ人のエジプト寄留の発端と、ユダヤ人の十二部族の発祥譚が描かれている。この物語の後半には、エジプトからメソポタミアにかけての当時の全世界的飢饉に対し、国家がその支配下にある民衆を直接救助する方法が描かれている。貧困に対する国家の直接的救済が記述されていて、神話的記述ではあるが、現代社会保障制度の機能と「国家・国民の関係」が具体的に描写されている。

また、それと共にエジプト王権の支配の正当性が記述されている。ファラオの支配権の正当性が神の権威からではなく地上の社会契約によるとされていることは社会契約説の萌芽として注目すべきであろう。

ヨセフは、十二人兄弟の十一番目であるが、兄たちに憎まれ、奴隷として売られてしまう。エジプト朝廷の侍従長がヨセフを買い取るが、その妻の逆恨みによって監獄に入れられてしまった。獄の中で、ファラオの家臣の夢解きをした。そのことが、ファラオの耳に入り、呼び出される。

ファラオは、二つの夢をみていた。最初の夢では、先にナイルから出てくる肥えた七頭の牛が後から出てくる痩せた七頭の牛に食い尽くされる。次の夢では、良く実った七本の麦穂が実入りが悪い七本の麦穂に飲み込まれる。ヨセフの夢解きによって、この二つの夢は、豊作の七年と飢饉の七年を意味することが分かる。ヨセフは、それを防止する方法として、国家による備蓄を提案する。豊作年に五分の一税として穀物を納めさせファラオの管理下に置き、それを飢饉に際して放出する（国民に売り渡す）ことになった。

飢饉の激しさは近隣諸国にも及び、エジプトには外国からも穀物を求める人々がやってきたが、彼らにも穀物は売り渡された。更に、飢饉の進行によって、国民はファラオに家畜や農地（当時としては全資産である）を引き渡さざるを得ず、こうして合法的にファラオはエジプト全土の支配権を得た。国民はファラオから農地を借り、籾種を給付される代わりに五分の一税を納めた。

この挿話から、古代国家の飢饉対策は国家政策として行われたこと、その原資が税であったこと、給付は無償ではなく一定の負担が国民に課せられていたことが読み取れる。また、外国人であっても必要に応じて給付が受けられることも読み取れる。こうした制度の枠組みは、強制的な徴収（税にしても掛け金にしても）と応益または応能負担による給付、内外無差別といった点では現代における社会保障とほとんど同じである。

5　具体的な方法2――ルツ記（共同体による援助〈律法の具体化〉）

旧約聖書に記述されている貧しい同胞に対する救済に関する律法の規定が具体的にどのようにして行われたかを「ルツ記」は、生き生きと描写している。ルツ記では、ユダヤ人と結婚した外国人妻が寡婦となり、しかも、イスラエル内にとどまった事例について、律法に定められている救済としての落ち穂拾いについて具体的にしかも生き生きと描いている。この物語の題名は、子の妻の名がそのまま使われている。女性が主人公である物語でその名が題名となっているのは、旧約聖書では他にはエステル記があり、アポクリファには、ユディト記、ダニエル記補遺スザンナがある。新約聖書には女性の名を冠したものはない。

また、この小巻は、ダビデ王出生譚の一部をなしている。物語の最後にダビデの祖父の誕生が語られている。ここでは、エズラ記に見られるような母血統主義（ユダヤ人は、ユダヤ人の母から生まれなければならない）は採用されていない。捕囚期以降の厳しい血統主義は古代王朝期では強く主張されていなかったことをうかがわせる。

ユダヤの地で飢饉が起こり、ある夫婦が子を連れて隣国へ避難する。そこで子は結婚するが、夫と子は死去し、年老いた寡婦（妻、ナオミ）は若い寡婦（子の妻、ルツ）をつれてユダヤに戻る。つまり、ルツは、ユダヤ人ではなく、外国からの寄留者という立場にある。律法は、「寄留者を虐待したり、圧迫したりしてはならない」（出エ22.20）、また、「寡婦や孤児はすべて苦しめてはならない」（出エ22.20）と定めている。

ルツは、落ち穂拾いで姑との生計を維持する。律法では、「穀物を収穫するときは、畑の隅まで刈り尽くしてはならない。収穫後の落ち穂を拾い集めてはならない。ぶどうも、摘み尽くしてはならない。ブドウ畑の落ちた実を拾い集めてはならない。これらは貧しい者や寄留者のために残しておかなければならない。」（レビ19.9-10）と定めている。

ルツは、ある日、姑の夫の一族の畑で落ち穂拾いをした。畑の所有者ボアズ（ダビデの曾祖父となる）は、ルツが姑と生活していることは、神の御旨にかなうと言い、落ち穂拾いを自分の畑でのみ行うようにとルツに告げる。ルツは姑に「厚意を示して下さる方の後ろで、落ち穂を拾わせてもらいます」（ルツ2.2）と言う。

ボアズは、刈り取った収穫からも穂を抜き取り、ルツに拾わせるように雇い人に指示し、食事も与える。彼はルツに最初にあったときに「若い者には邪魔をしないように命じておこう」と親切に言う。また、「麦束の間でもあの娘に拾わせるがよい。止めてはならぬ」（ルツ2.15）と雇い人に命じている。

ボアズは、一族のなかでナオミの夫の家を再興することを相談するが、他の人は、その責任を負うことをしない。結局、彼が、ナオミを引き取り、ルツを妻とする。

この話は、律法の記述通りに貧しい寄留者や寡婦等が権利として落ち穂拾いができたとは必ずしもいえないことを物語っている。律法に規定された落ち穂拾いは、貧者の救済として共同体内で行われてはいたが、それによる貧者の収穫は耕作者や農地の所有者の意向によって左右されていたようにみえる。また、親族間での相互扶助のありよう、特に、男性が死亡した後の遺族の扶助や嗣業地の相続について当時の慣習が示されている。これも、すべてが理念通りに行われるのではなく、親族の関心の大きさによることがかいまみられる。

6　富者の義務――トビトによる子どもへの諭し

トビト記には、捕囚期のトビトの慈善行為と子どもへの諭しが生き生きと描かれている。かれは、旧約の律法を守り、貧しい同胞を援護し、埋葬場所を持たない人やアッシリアから弾圧されて命を落とした人々の墓も築いた。ただし、その慈善の範囲は、同胞と、神の眼に正義と認められた人に限られている。トビトの慈善の範囲は、「孤児、寡婦、およびイスラエルの仲間に加わった改宗者たち」（トビト1.8）であった。

アポクリファでは、慈善を施す相手は善人でなければならないとされている。この場合善人とは、同じ信仰を持つ者を指す。シラ書には、「良い業をするときには、相手をわきまえよ」（シラ12.1）と書かれている。つまり、「信仰深い人に良い業をなせ。そうすれば報いがある。信仰深い人に施せ。だが罪人には施すな。不信仰な者には食べ物を拒み、何も与えるな」（シラ12.2-5）という不寛容さが求められている。悪人への慈善は、「不信仰な者に施すあらゆる良い業は、二倍の悪となってお前に返ってくる」（シラ12.5）結果となってしまう。トビトは「本当に神を心に留めている貧しい人を見つけて連れてきなさい。その人と一緒に食事をしよう」（トビト2.2）と周囲に言う。

トビトは、その子トビアをつねに諭している。特に正義について多くを語っている。その内容は、律法の遵守、とりわけ積極的な慈善行為が主となっている。トビトは、トビアに「命のあるかぎり、正義を行いなさい」（トビト4.5）と命じるだけでなく、トビアもまたその子供たちを教育するように命じている。「あなたがたの子供たちがいつも正義を行い、慈善の業に励み、神に従い、どんなときでも力を尽くして心から神の御名をほめたたえるように教えなさい」（トビト14.8-9）。

慈善行為は、正義にかなう。「正義をもって慈善の業をする方が、不正を行って金持ちとなるよりも、よいことです。

金をため込むよりも慈善の業をする方がはるかにすばらしいことなのです」（トビト12.8）と神の使いラファエルも勧める。トビトは、「飢えている人には、お前の食物を、裸の人にはお前の衣服を分け与えなさい」（トビト4.16）とトビアに命じる。

慈善は、財産に応じて行うが、惜しんではならない。「お前の財産のうちから施しをしなさい。施しをするに際しては喜んでするのだ。どんな貧しい人にも顔を背けてはならない」（トビト4.7）。「お前の財産に応じて、豊かなら豊かなりに施しをしなさい。たとえ少なくても少ないなりに施すことを恐れてはならない」（トビト4.8）。「余分なものはすべて施しなさい。施しをするときは喜んでしなさい」（トビト4.16）と諭す。

また、公平な賃金支払いも正義にかなう。「働いてくれた人にはだれにでも、すぐにその場で賃金を支払いなさい。支払いを翌日に延ばしてはならない」（トビト4.14）と命じているが、これも律法に書かれている。

7　王の施策

旧約聖書の世界では、王が神の意にかなう治世を行えば、その国は繁栄した。「正義を行い、慈しみを愛」（ミカ6.8）することが国政の基本である。神は人間を救い、公平な裁きを行う。「主はすべて虐げられている人のために恵みの御業と裁きを行われる」（詩篇103.6）。同様に、王もその民を救い、公平な裁きを行わなければならない。神は「貧しいからといって主はえこひいきされないが、虐げられている者の祈りを聞き入れられる」（シラ35.16）のだから、王もまた同様な態度で人々に接するべきである。

「国を治める者たちよ、義を愛せよ」（智恵1.1）と神は命じる。為政者は、「町の門で正義を貫け」（アモス5.15）、「正義を洪水のように恵みの業を大河のように尽きることなく流れさせよ」（アモス5.24）、「城門では真実と正義に基づき平和をもたらす裁きをせよ」（ゼカリヤ8.16）と神から命じられる。

預言者は、王に次のように語っている。「罪を悔いて施しを行い、悪を改めて貧しい人に恵みをお与えになって下さい。そうすれば引き続き繁栄されるでしょう」（ダニエル4.24）。寛大な態度と、公平さが、王に求められる資質であった。「主は憐れみ深く、正義を行われる。私たちの神は情け深い。哀れな人を守って下さる」（詩篇116.5-6）ということは王にも義務づけられている。もし、王がそうした資質を持たないならば、「（みなしごを）贖う神は強く彼らに代わってあなたと争われる」（箴言23.11）事態となる。

異邦人と呼ばれる人々の王も同様の態度を支配下の人々に期待されている。ペルシャ王は、王妃を選ぶ際に「王は諸州に対し免税を布告し、王の寛大さを示すにふさわしい祝いの品を与えた」（エステル2.18）。

人々は王に「民を、この貧しい人々を治め乏しい人の子らを救い虐げる者を砕」（詩篇72.4）くことを期待した。王は、「助けを求めて叫ぶ乏しい人を助ける。ものもない貧しい人を救」（詩篇72.12）う存在であり、「弱い人、乏しい人を憐れみ乏しい人の命を救い不法に虐げる者から彼らの命を贖」（詩篇72.13-14）うことのできる地位と権限をもっている。そうした王がいれば、「そのころ人々は幸いであった」（エレミヤ22.16）という時代が続く。

アポクリファでもやはり王の資質は同じである。「思慮深い王がいれば民は繁栄する」（智恵6.24）のである。なお、アポクリファには、短いが重要な記述がある。それはルターの社会金庫の原型ともいえる機能についての記事である。エルサレムの神殿に納められる税や賽銭の一部は、貧困救済の基金に充てられていた。神殿宝庫には「やもめや孤児たちのための預託金」（マカバイⅡ3.10）が保管されていた。ヘレニズム期のユダヤは、国家機能が弱い時期であったが、王の代わりに神殿が貧困救済の役割をはたしていたことが、この記事から推測できる。

第5章　新約聖書の貧困救済

新約聖書における貧困救済は、ギリシャ語のアガペ、ラテン語のカリタス（KARITAS）が基本となっている。カリタスは、英語のチャリティ（charity）の語源となった。

イエスは、「隣人を自分のように愛しなさい」（マタイ22.39／マルコ12.31）と勧めている。それは、「神は、その独り子をお与えになったほどに、世を愛された」（ヨハネ3.16）からである。神がイエスを遣わしたのは、「世を裁くためでなく、御子によって世が救われるためで」（ヨハネ3.17）あった。神は、「恵みをくださり、天から雨を降らせて実りの季節を与え、食物を施して、あなたがたの心を喜びで満たしてくださっている」（使徒言行録14.17）。そこから、「互いに愛し合いなさい。わたしがあなたがたを愛したように、あなたがたも互いに愛し合いなさい」（ヨハネ13.34/15.12-13）という新しい掟が生まれた。

旧約聖書と同様に、神は「自分が憐れもうと思う者を憐れみ、慈しもうと思う者を慈しむ」（ローマ8.15）が、イエスの弟子たちは、神の「憐れみを受けた者」（コリントⅡ4.1）であって、神の「恵みはあなたに十分」（コリントⅡ12.9）に与えられている。だから、イエスに従う人々は、「すべての人の前で善を行うように心がけなさい」（ローマ12.17）と勧められる。「おのおの善を行って隣人を喜ばせ」（ローマ15.2）、「すべての人に対しても、いつも善を行うように努め」（テサロニケⅠ5.15）ることがイエスに従うことである。

「善を行いなさい。そうすれば、権威者からほめられるでしょう」（ローマ13.3）、「すべて善を行う者には、栄光と誉れと平和が与えられます」（ローマ2.9）とあるように、善行が、神への信仰の実践となる。それは、愛を前提としている。パウロは「憐れみの心、慈愛を身に着けなさい」（コロサイ3.12）と信徒に呼びかけている。

コラム5　最初のクリスチャン

キリスト教信者は、クリスチャンと呼ばれるが、使徒言行録によれば、アンティオキア（現在のシリアのアンタキア）でイエスの弟子たちのことをこう呼んだとある。キリスト教は、使徒の時代ではユダヤ教の一派と見なされ、かつ正当ユダヤ教からは異端扱いされていた。何人かの使徒はその為に殉教しているが、なかでもバルナバの死は、克明に描かれていて、宗教画の題材としてもたびたび取り上げられている。

そうしたこともあり、初期の教会は、原始的な共産制によって運営されていた。使徒言行録には「信者たちは皆一つになって、すべての物を共有にし、財産や持ち物を売り、おのおの必要に応じて皆がそれを分け合った」（使徒言行録2.44-45）と記されている。キリスト教徒たちは「土地や家を持っている人が皆、それを売っては代金を持ち寄り、使徒の足もとに置き、その金を必要に応じて、おのおのに分配され」（使徒言行録4.34-35）た。

自分たちだけでなく、他地域の教会が困窮すれば、その援助も行った。「弟子たちはそれぞれの力に応じて、ユダヤに住む兄弟たちに援助の品を送ることに決めた」（使徒言行録11.29）。マケドニアの教会は、「力に応じて、また力以上に、自分から進んで、聖なる者を力づけるための慈善の業と奉仕に参加」（コリントⅡ8.3-4）しているとパウロは称えている。また、信徒に対して「現在のゆとりが彼らの欠乏を補えば、いつか彼らのゆとりがあなた方の欠乏を補う」（コリントⅡ8.14）と積極的な支援を呼びかけている。

イエスは、最も重要な律法は、「心を尽くし、智恵を尽くし、力を尽くして神を愛し、また隣人を自分のように愛する」（マルコ12.33）であると示している。これは、「どんな焼き尽くす献げ物やいけにえよりも優れて」（マルコ12.33）いる。それを踏まえて、イエスは、新しい掟を提示する。それが愛である。「わたしの掟を受け入れ、それを守る人は、わたしを愛する者である」（ヨハネ14.21）とイエスは語る。「わたしを愛する人は、私の言葉を守る。私の父はその人を愛され、父とわたしはその人のところに行き、一緒に住む」（ヨハネ14.23）。つまり、イエスの言葉を信じる人は、「父御自身が、あなたがたを愛しておられるのである」（ヨハネ16.27）のだから、「兄弟愛をもって互いに愛し、尊敬をもって互いに相手をすぐれた者と思いなさい」（ローマ12.10）という態度を要求される。

1　カリタスの本質――コリントの信徒への手紙Ⅰ

愛《カリタス》は、先に記したようにイエスの定めた新しい掟である。イエスは、隣人を愛せと述べただけではない。「敵を愛し」（マタイ5.44／ルカ6.35）、「あなたがたを憎む者に親切にしなさい」（ルカ6.27）と命じる。アポクリファにある善人のみを救済するという態度が、ここで決定的に逆転する。

イエスは旧約聖書の律法を成就するためにきたと言っているが、それは、愛によってである。「人を愛する者は、律法を全うしている」（ローマ13.8）、「愛は律法を全うする」（ローマ13.10）のである。「神は愛」（ヨハネⅠ4.16）そのものである。「愛する者たち、互いに愛し合いましょう。愛は神からでる」（ヨハネⅠ4.7）のだから、「互いに愛し合うこと」（ヨハネⅠ3.11）が新たな律法となる。「掟とは愛に歩むこと」（ヨハネⅡ1.6）にほかならない。

しかしながら、イエスは、愛は求めなければ得ることはできないと語っている。「友達だからということでは起きて何か与えるようなことはなくても、しつように頼めば、起きて必要なものは何でも与えるであろう。そこでわたしは言っておく。求めなさい。そうすれば、与えられる」（ルカ11.8-9）。だから愛を求めるべきなのである。

パウロは、カリタスの本質をコリントの教会宛の手紙の中で、詳述している。「愛がなければ、無に等しい」（コリントⅠ13.2）とパウロは断定する。「全財産を貧しい人のために遣い尽くそうとも」（コリントⅠ13.3）愛がなければ何らの利益もない。だから、「愛を追い求める」（コリントⅠ14.1）ことが必要となる。なぜならば「愛は決して滅びない」（コリントⅠ13.8）からである。パウロは断言する。「信仰と、希望と、愛と、この三つは、いつまでも残る。その中で最も大いなるものは、愛である」（13.13）と。

新約聖書での愛の特性は、重複や同義語を除けば十箇条数えられる。①忍耐強い（すべてを忍ぶ／すべてに耐える）、②情け深い、③ねたまない（怨みを抱かない）、④自慢せず（高ぶらない）、⑤礼を失せず、⑥利益を求めず、⑦いらだたず、⑧真実を喜ぶ、⑨すべてを信じ、⑩すべてを望む（コリントⅠ13.4-7）。

パウロは、他の手紙でも愛を勧めている。「慈しみや憐れみの心があるなら、同じ思いとなり、同じ愛を抱き、心を合わせ、思いを一つにして」（フィリピ2.1-2）イエスを信じ生きて行かなければならない。教会員は「あなた方自身、互いに愛し合う」（テサロニケⅠ4.9）態度が要請される。

2　イエスと十二使徒の救済――ことばと奇跡

イエスは、貧しい人々に優しく語りかける。「疲れた者、重荷を負う者は、だれでも私のもとに来なさい。休ませてあげよう」（マタイ11.28）と言葉をかけ、また、「わたしが命のパンである。私のもとに来る者は決して飢えることがなく、わたしを信じる者は、決して渇くことはない」（ヨハネ6.35）と説いている。

イエスは「医者を必要とするのは、丈夫な人ではなく病人である」（マタイ9.12）と述べ、同様に貧しい人々には神の愛が必要であると語る。イエスのいう神は、「世の貧しい人たちをあえて選んで、信仰に富ませ」（ヤコブ2.5）ることによって救済を図られる。イエスは、「主の霊がわたしの上におられる。貧しい人に福音を告げ知らせるために」（ルカ4.18）と語る。神は、「飢えた人を良いもので満たし」（ルカ1.53）、「憐れみをお忘れにな」（ルカ1.54）りはしない。イエスによって、「目の見えない人は見え、足の不自由な人は歩き、重い皮膚病を患っている人は清くなり、耳の聞こえない人は聞こえ、死者は生き返り、貧しい人は福音を告げ知らされている」（ルカ7.22-23）状態となる。

イエスを信じた人は、「わたしはこの目であなたの救いを見たからです。これは万民のために整えてくださった救いで」（ルカ2.30-31）したと告白する。イエスは、愛を「惜しみなく与え、貧しい人に施した」（コリントⅡ9.9）のである。そしてその行為は一回限りではなく、「彼の慈しみは永遠に続」（コリントⅡ9.9）いている。

イエスは、病人や障害者等「これらの人をいやされ」（マタイ4.24）た。イエスは自ら「一人一人に手を置いていやされた」（ルカ4.40）。イエスがそうすることで「悪霊も多くの人々から出て行った」（ルカ4.41）。まさに、「いろいろな病気にかかっている大勢の人たちをいやし、また多くの悪霊を追い出し」（マルコ1.34）たのである。こうしたイエスの行為を間近で見た「群衆は、口の利けない人が話すようになり、体の不自由な人が治り、足の不自由な人が歩き、目の見えない人が見えるようになったのを見て驚」（マタイ15.31）いた。イエスの行為は、奇跡というに値する。

イエスが言葉をかけることで、奇跡が起こった。「イエスは言葉で悪霊を追い出し、病人を皆いやされた」（マタイ8.16）のである。「イエスが「行け」と言われると、悪霊どもは二人から出て」（マタイ8.32）行った。「よろしい。清くなれ」（マタイ8.3/マルコ1.41）と言えば「たちまち、重い皮膚病は清くなった」（マタイ8.3/マルコ1.42）。脳卒中の人に「起き上がって床を担ぎ、家に帰りなさい」（マタイ9.6/マルコ2.11/ヨハネ5.8-9）と言えばその通りになった。上腕片麻痺の人に「手を伸ばしなさい」（マタイ12.13/マルコ3.5）と言えば、まっすぐ手が伸び麻痺がなくなった。

離れていても、奇跡は起こっている。使用人の病気を治して欲しいと頼む人に、「帰りなさい。あなたの信じたとおりになるように」（マタイ8.13）と言われたまさのその時刻に使用人の病気は治っていた。イエスに触れることでも奇跡は起きた。病人がイエスの服のすそに触れると、「触れた者は皆いやされた」（マタイ14.36／マルコ6.56）。長く出血の続く女が「イエスの服の房に触れた。そのとき、彼女は治った」（マタイ9.21-22／マルコ5.27-29）のである。

二人の盲人の目に触り、「その目に唾をつけ、両手をその人の上に置いて、あなたがたの信じているとおりになるように」（マタイ9.30／マタイ20.34／マルコ8.23／ヨハネ9.6）と言うと、二人とも目が見えるようになった。聾者に対しては、「指をその両耳に差し入れ、それから唾をつけてその舌に触れた」（マルコ7.33）。すると「耳が開き、舌のもつれが解け、はっきり話すことができるようになった」（マルコ7.35）。十二使徒の一人ペテロの姑が熱病になった時は、「イエスがそばに行き、手を取って起こされると、熱は去り」（マルコ1.31／マタイ8.15／ルカ4.39）病気は治った。

悪霊がイエスによって「追い出されると、口の利けない人がものを言い始め」（マタイ9.33）、てんかんの「子供はいやされ」（マタイ17.18）、精神疾患の人は恢復した。イエスが悪霊を叱りつけると「悪霊はその男を人々の中に投げ倒し、何の傷も負わせずに出て行った」（ルカ4.35）。

イエスは、主だった弟子を十二人選び出している。彼らもまた救済を行い、奇跡を起こしている。イエスは、十二使徒を選び出すと彼らに、「病人をいやし、死者を生き返らせ、重い皮膚病を患っている人を清くし、悪霊を追い払いなさい」（マタイ10.8）と命じている。そして、「私の名によって願うことは、何でもかなえてあげよう」（ヨハネ14.13）と誓約された。使徒たちは、「どうか、御手を伸ばし聖なる僕イエスの名によって、病気がいやされ、しるしと不思議な業が行われるようにして下さい」（使徒言行録4.30）と願った。なお、十二使徒の内、イスカリオテのユダは、イエスを十字架に掛ける計略に荷担した。イエスの昇天後、マティアがその後を襲った。パウロは、十二使徒中には数えられないが、使徒の一人とされている。彼は、イエスの昇天後に、招命を受け、クリスチャンとなった。

ペテロが、身体障害者に「ナザレの人イエス・キリストの名によって立ち上がり歩きなさい」（使徒言行録3.6）と言って「右手を取って彼を立ち上がらせ」（使徒言行録3.7）ると「たちまち、その男は足やくるぶしがしっかりして、躍り上がって立ち、歩きだした」（使徒言行録3.8）。パウロも障害者に「自分の足でまっすぐに立ちなさい」（使徒言行録14.10）と言うと「その人は躍り上がって歩きだした」（使徒言行録14.10）。

人々は、「ペトロが通りかかるとき、せめてその影だけでも病人のだれかにかかるようにし」（使徒言行録5.15）、パウロが「身に着けていた手ぬぐいや前掛けを持って病人に当てると、病気はいやされ、悪霊どもも出て行」（使徒言行録19.12）った。

3　具体的な救済方法――相互扶助の現れ〈社会連帯〉

福音書には、イエスの奇跡を期待して集まった五千人または四千人に食べ物を分け与える挿話が述べられている。マタイ14章（マルコ6／ルカ9／ヨハネ6）では、空腹を覚えた五千人の人々に五つのパンと二匹の魚を使徒によって人々に分け与えるとすべての人に行き渡り、満腹となった。その後にパンくずを集めると十二籠にもなったと書かれている。また、マタイ15章（マルコ8）では、三日間空腹のままでいた四千人の群衆に七つのパンと小さな魚少々を人々に分け与えるとすべての人が満腹となり、パンくずは七籠になったと書かれている。

この挿話は、イエスの奇跡の一つとして描かれているが、人々が持っているもの、それが一人一人の持ち物、財としては多くなくても、すべての人々が、それを分かちあうことで、すべての人が満足する結果を生み出すという共同体の連帯の挿話としても受け止めることができる。人々の行為は、「受けるよりは与える方が幸いである」（使徒言行録20.35）という考え方に沿って行われたように見える。また、「下着を二枚持っている者は、一枚も持たない者に分けてやれ。食べ物を持っている者も同じようにせよ」（ルカ3.11）というイエスの命令にも合致している。

こうした互助的な行為は、東洋の宗教にも見いだせる。二世紀末頃後漢で発祥した五斗米道は、信者たちに五斗（日本の枡で約五升）を持ち寄らせ、それを共有することで生活を維持した。五斗米道は、現在も正一教として広く中国内で信仰されている。

現代の社会保障は、公平な拠出という社会連帯方法によって制度を維持している側面がある。カトリックでは、連帯の原理を社会の「構成員は全体の福祉のために努力し、同じように全体は、その構成員の福祉ために努力」（Nell=Breuning.O1986：55）することと定義づけている。また、日本のカトリック思想家である稲垣良典は、社会を人格共同体と捉えている。それは、「いわば自らのみちあふれる善を与え、押し広げる」ような共同体である（稲垣良典1971：131）。そこでは、人間は「自らの豊かさや完全性のゆえに社会生活を要求する」（稲垣良典1971：131）。

アリストテレスは、「愛というものは、愛されることよりも、むしろ愛することに存する」（アリストテレスBC300？、高田三郎訳1993：87）と述べ、続けて「親愛なひとびとの卓越性なるものは、愛するということにある。均等ならぬひとびとがやはり友たりうるのは、何よりもかかる仕方においてである。これによって彼等は均等化させる」（アリストテレス、高田三郎1993：88）と述べている。さらに、「愛は、「正」に関わると同じことがらにかかわり、いかなる共同体においても「正」が存在するが、そこにはまた一定の「愛」が存在する」（アリストテレス、高田三郎1993：90）と述べている。イエスは、弟子たちにより多くを赦された者はより多く愛すると諭している。「赦されることの少ない者は、愛することも少ない」（ルカ7.40-48）というイエスの愛の概念が、ギリシャ哲学によって理論化されたことで、共同体内の互助や社会連帯が社会正義と結びついた。稲垣は、「カトリック社会思想のいう共通善とは、プラトンやアリストテレス以来、人間の社会生活の理念とされた「善く生きること（bene vivere）」を可能ならしめ推進させるような社会条件の総体である」（稲垣良典1971：136）と述べている。そこから、生産や所有という社会的欲求を「倫理的要求――正義、自由、兄弟的連帯――に服せしめよう」（稲垣良典1971：137）とする努力が行われ、それが社会正義としての社会保障に結実した。

4　救済原理としての愛1──放蕩息子

イエスのいう愛は、一匹の迷子の羊の喩えがわかりやすい。マタイとルカでは、多少表現に差があるが、内容は同じである。

「ある人が羊を百匹持っていて、その一匹が迷い出たとすれば、九十九匹を山に残しておいて、迷い出た一匹を探しに行かないだろうか。はっきり言っておくが、もし、それを見つけたら、その一匹のことを喜ぶだろう」（マタイ18.12-13）。「百匹の羊を持っている人がいて、その一匹を見失ったとすれば、九十九匹を野原に残して、見失った一匹を見つけ出すまで探し回らないだろうか。そして、見つけたら、喜んでその羊を担いで、家に帰る」（ルカ15.3-6）。

愛は、無償である。「ただで受けたのだから、ただで与えなさい」（マタイ10.8）とイエスはいう。また、愛は、寛容である。その例がルカでは、放蕩息子の喩えとして語られている（ルカ15.11-32）。

ある人に二人の息子がいたが、兄は堅実だが弟は、浪費家であった。弟は、父からの財産分与をすべて金に換えて旅立ち、遠くの国で散財を重ね、ついに無一文となり飢えに苦しむことになった。弟は、仕方なく父の元に帰った。父は、彼を抱きしめて「この息子は死んでいたのに生き返り、いなくなったのに見つかった」と喜び祝宴を開いた。

社会福祉における援助の原理は、カトリックの聖職でもあったフェリックス・バイスティック（Biestek.F.P）によって七つのケースワーク原則としてまとめられている。彼は、人間の基本的な欲求や必要性はすべての人に共通すると述べているが、特に「困難を抱えるクライアントにとって、いっそう痛切なニーズである」（Biestek1957、尾崎新他訳2006：212）と述べ、その欲求を受け止めるための理想的な態度は、「天にまします父の尊い幼子として捉えよう」（Biestek 1957、尾崎新他：216）とすることであると述べている。具体的には、「クライアントを現実のあるがままの姿で把握し、一方的に非難しない」（Biestek 1957、尾崎新他：214）態度が援助者に求められる。こうした態度の原点が、放蕩息子の父親の姿として描かれている。こうしたソーシャルワークと呼ばれる社会福祉の援助方法については、本書第三部で詳述する。

5　救済原理としての愛２――善きサマリア人

新約聖書でも旧約聖書やアポクリファと同様に慈善行為が推奨されている。「良い行いと施しを忘れない」（ヘブライ13.16）ことが重要である。「慈善を行う人は快く行いなさい」（ローマ12.7）、「奉仕の賜物を受けていれば、奉仕に専念しなさい」（ローマ12.7）と勧められる。当然に、「渋りながらではなく、惜しまず差し出」（コリントⅡ9.5）すことが求められる。また、「主よ、わたしは財産の半分を貧しい人に施します。まただれかから何かだまし取っていたら、それを四倍にして返します」（ルカ19.8）と誓う。

対象も旧約聖書と同様に夫のない女性や孤児が中心である。「身寄りのないやもめを大事にしてあげなさい」（テモテⅠ5.3）。また「旅人をもてなすことを忘れてはいけません」（ヘブライ13.2）と定められている。実際に教会は、「身寄りのないやもめの世話をする」（テモテⅠ5.16）ところであり、「みなしごややもめが困っているときに世話を」（ヤコブ1.27）している。

その際にも愛がなければならない。「私が飢えているときに食べさせ、のどが渇いているときに飲ませ、旅をしていたときに宿を貸し、裸のときに着せ、病気のときに見舞い、牢にいたときは訪ねてくれた」（マタイ25.35-40）という行為は、「隣人を自分のように愛しなさい」（ルカ10.27）という新しい律法としての愛を前提としている。この句は、現代の社会福祉の行動原理そのものである。

では、隣人とはだれかという問いにイエスは善きサマリア人の挿話（ルカ10.30-37）を語る。エルサレムからエリコへの途中で旅人が強盗に襲われる。殴られ、裸にされ、瀕死の状態となって道端に倒れていた。祭司やレビ人（神殿を守る部族）が通りかかるが、旅人を避けて通り過ぎてしまった。そこへあるサマリア人が通りかかり、傷の手当てをして、ロバに乗せて宿屋へ行き、銀貨を宿の主人へ渡して介抱を頼んだ。

見ず知らずの人であっても困難を抱えていることを発見したならば、援助の手を差し伸べるという行動自体がカリタスであるとイエスは言っている。「私の兄弟であるこの最も小さい者一人にしたのは、私にしてくれたことなのである」（マタイ25.35-40）。それはまた、「この小さな者の一人に、冷たい水一杯でも飲ませてくれた人は、必ずその報いを受ける」（マタイ10.42/マルコ9.41）という確信である。ここで言われている報いは、経済的な報酬や名誉等ではなく、「恵みの時に、わたしはあなたの願いを聞き入れた。救いの日に、わたしはあなたを助けた」（コリントⅡ6.2）という神の救済に預かることである。

カトリックの法王ヨハネ・パウロ二世は、一九九一年の回勅の中で「他者への愛、そして何よりも貧しい人々への愛」（John Paul II 1991、イエズス会訳1991：116）が正義を実現する原動力であると述べている。そして「この貧しい人々のうちに教会はキリストご自身をみいだします」（Jhon Paul II：116）として、だからこそ、「助けを求めている貧しい人々を厄介者とか重荷とかとしてではなく、思いやりを示す機会、世界をより豊かなものとする好機とみる」（John Paul II 1991、イエズス会1991：116）必要があると訴えている。「正義の要求が満たされ」（John Paul II 1991、イエズス会1991：117）るには神の恵みが何よりも必要であると結論づけている。この回勅は、善きサマリア人の行為が、カトリックだけでなく、すべてキリスト教信者に義務づけられていることを改めて確認している。

第2部　仏教の貧困観と貧困救済

第6章　初期経典にみる貧困とその救済

釈迦牟尼が創始した仏教は、その入滅後多くの部派にわかれるが、概ね五〇〇年を経過した頃、西暦紀元後に大乗仏教が成立した。仏教経典（経典）は、大蔵経といわれるように膨大な量があり、現代日本語訳がすべてあるわけではない。とりわけ、書店で一般の人々が気軽に手にすることができるものは限られている。ここでは、現在書店で入手しうる現代語訳の経典のみを対象とした。初期経典は、中村元訳の岩波文庫によった。また大乗経典は、丹治昭義他訳「大乗仏典」中央公論社版によったが、中村元「現代語訳大乗仏典」東京書籍、及び宮坂宥勝「密教経典」を参照している。なお、第二部の最後に伝統的な東洋思想のなかに見られる貧困とその救済について章を割いて概括することとする。

阿含経典の小部にあるスッターニパータ（経集）、ダンマパダ（発句経）とウダーナヴァルガ（法頌、感興語）は、釈迦牟尼の言葉を集めた最古の経典とされている。釈迦牟尼は、人間の命の短さをはかなむ。「ああ短いかな、人の命よ。百歳に達せずして死す。たといそれよりも長く生きたとしても、また老衰のために死す」（経集第四・八つの詩句804）。

それにもかかわらず「執着したものを貪り求める人々は、憂いと悲しみと慳みとを捨てることがない」（経集第四・八つの詩句809）。人間の本性が不幸の根源となっている。

本来、こうした執着とそれによる輪廻からの解脱に至る悟りの為の修行を旨とする仏教では、経典中にある貧困や悲惨な人生は、前世の行為の結果、つまり因縁による。釈迦牟尼は、そうした貧困や悲惨から逃れるために修行に励み、悟りを得ることを諭し教えている。しかし、「自分が戒律や道徳を守っていると言いふらす人は、下劣な人である」（経集第四・八つの詩句782）。そうした人もまた悲惨の中で妄執に取りつかれていると釈迦牟尼は言う。

コラム6　解脱の境地

スッターニパータ（経集）にある「八つの詩句」の章は、短い句で解脱や悟りについての釈迦牟尼の言葉が書き記されている。「諸々の欲望を回避する人は、この世でこの執着をのり超える」（768）が、「生存の快楽にとらわれている人は、解脱しがたい」（773）。悟りを開いた人は、『等しい』とか『すぐれている』とか、あるいは『劣っている』とかそれら三種に関して動揺しない」（842）。比較するという想念自体を持たない。「一切の断定を捨てたならば、人は世の中で確執を起こすことがない」（894）。悟りを開いた聖者は「妄想分別におもむかない。党派にくみすることがない。過去の汚れを捨てて、新しい汚れにつくことなく、欲におもむかず、執着して論ずることもない。快楽に耽ることもなく、求めることもない」（911-914）。

1　貧困の状態

人間は、その存在自体が、「災害であり、腫物であり、禍であり、病であり、矢であり、恐怖である」（経集・蛇の章51）。人々の「憂いと悲しみ、また苦しみはいろいろであ」（感興語5.3）り、その結果、「容色は衰えはて、病の巣であり、脆くも滅びる。腐敗のかたまりでやぶれてしまう」（発句集11.148）。

多くの人々が、「寒さと暑さと、飢えと渇えと、風と太陽の熱と、虻と蛇と」（経集・蛇の章52）に苦しみ「いつも臭穢を漏らし、たえず病いにおそわれ、老いと死におびえている」（経集・蛇の章1.36）が、最も辛い状態は、飢餓である。「飢えは最大の病いであり、わが身は最もひどい苦しみである」（発句集15.203）。そうした状態から逃れようとしても結局人間は、「老いか、病いか、または死が、この人につきそって殺してしまう」（感興語1.30）。つまり、「世間の人々は死と老いとによって害われる」（経集・大いなる章581）のである。

2　貧困の原因

初期仏教経典では、貧困の原因を人間の存在自体に求めている。「種々なる苦しみがあるが、それらは生存の素因にもとづいて生起する」（経集・大いなる章728）。しかし、具体的な原因もあげている。人間は、この世では怠惰と貪欲の結果、貧困に陥る。「賭博で財を失う人は、自身を含めて一切を失」（経集・大いなる章659）い、「怠りなまける人々は、死者のごとく」（発句集2.21）なり、「貪りと不正のゆえにながく苦しみを受ける」（発句集18.248）のである。これは、聖書、例えばローマの信徒への手紙13.9にある「殺すな、盗むな、むさぼるな」という律法を遵守しないことが貧困の原因となるという思想とよく似ている。

一見、「この世で食物や飲料を多く所有している人は、たとい悪いことを行っていても、かれは人々から尊敬される」（発句集13.14）ようであっても、「苦しみが起るのは、すべて食料を縁として起る」（経集、大いなる章747）のであり、結局悲惨な結末を辿る。多少含意は異なるが、新約聖書にも金持ちの寓話がある。ある金持ちがいて、豊作で穀物倉庫がいっぱいになってしまい、それを壊してもっと大きな倉を建てようとするが、その夜のうちに命を失う。神は「愚かな者よ」と言う。「自分のために富を積んでも、神の前に豊かにならない」（ルカ12.16-21）のである。

豊かな者が、「手むかうことなく罪咎の無い人々に害を加えるならば、次に挙げる十種の、場合のうちのどれかに速やかに出会うであろう」（経集10.137）と釈迦牟尼はいう。すなわち、「①激しい痛み、②老衰、③身体の傷害、④重い病い、⑤乱心、⑥国王からの災い、⑦恐ろしい告げ口、⑧親族の滅亡と⑨財産の損失と⑩その人の家を火が焼く」（経集10.138-140）という罰であり、それが貧困に直接つながる。

3　清　貧

聖書にある清貧と同様に、初期仏教経典にも清貧思想が描かれている。聖者とは、「無一物で、熟慮して、世の中を歩む」（経集・大いなる章455）人である。聖者は、「わずかな物で生き、軽やかで、自己をもとめようと欲し、諸の感官を制し、「わがもの」という観念がなく」（経集・大いなる章32.5）生きている。彼は、「自分を洲として世間を歩み、無一物で、あらゆる事に関して解脱している」（経集・大いなる章501）。彼は、「一物をも所有せず、すべて無一物で、何ものにも執着して取り押さえることのない人」（経集・大いなる章645）である。

清貧であれば、生涯を安らかに過ごすことができ、また、来世も善い境遇に生まれることができる。「心ある人は分かちあうことを喜んで、それゆえに来世は幸せとなる」（発句集13.177）のである。それ故、釈迦牟尼は、弟子たちに「犀のようにただ独り歩め」（経集・蛇の章36.37～75）と命じ、彼らに「われらは一物も所有していない。大いに楽しく生きて行こう」（発句集15.200/30.30）と呼びかける。弟子たちは「ガウタマの弟子たちは、よく覚醒していて、その心は無所有を楽しんでいる」（発句集15.24）心境にある。

4　救済の方法と道徳

釈迦牟尼は、「孤独な人々に食を給する長者の園」（経集・大いなる章449-450）において、「施しの求めに応ずる在家の施主、福徳を求め福徳をめざして供物をささげる人が、この世で他人に飲食物を与えるならば、まさに施与を受けるにふさわしい人々とともに目的を達成する」（経集・大いなる章488）と貧しい人々への施し（施与）を勧めている。それは、「在家の生活を営む人に、施与という徳があれば、かれは来世に至って憂えることがない」（経集・蛇の章188）からである。

芹沢博通は、仏教の貧困救済思想を施与、報恩、慈悲、利他行に四分類し、初期仏教では前二者（施与と報恩）が主であり、後二者（慈悲と利他行）は大乗仏教によって主張されたとしている（芹沢博通2002：130）。なお、こうした思想については、大乗仏教経典における貧困救済の思想の章で詳しくみていく。

確かに初期仏教経典では施与が強調されていて、「もの惜しみは、恵み与える人の汚れである」（経集18.242）から、「信ずるところにしたがって、また財力の応じて、ほどこしをなす」（感興語10.12）ことが重視される。豊かな人にとっては「施与と、親族を愛し護ることとこれがこよなき幸せである」（経集・小なる章263）。

地位に高い人々が、「戒めをたもち、また財をわかち与える」（感興語10.1）ならば、その国の人々は、施与という徳行を行った「尊い人々をほめたたえる」（感興語10.1）。つまり、「徳を良く実行したならば幸せを受ける」（10.3）ことになる。アリストテレスは、前にも見たニコマコス倫理学の中で「多く実利を与えるひとは、その価値に応じて愛される」（アリストテレス、高田1993：84-85）と述べている。「ひとは受けた値だけのものを返却しなくてはならぬ」（アリストテレス、高田1993：103）が、「優越せるひとは尊敬を、窮乏せるひとは利得を」（アリストテレス、高田1993：106）得ることで均衡するとしている。ギリシャ人の倫理感覚は、インドにおける仏教思想とも符合するところがある。

ところで、初期仏教経典には、慈悲や利他行についての記述が全くないわけではない。釈迦牟尼は、「あたかも母が己が独り子を命を賭けても護るように、そのように一切の生きとし生けるものどもに対しても、無量の慈しみのこころを起こすべし」（経集・蛇の章149）と、また「上に、下に、また横に、障害なく怨みなく敵意なき慈しみを行うべし」（経集・蛇の章150）と勧めている。なぜならば、「百年のあいだ毎月千回ずつ祭祀を営む人がいても、その功徳は、生きとし生けるものどもを憐れむ功徳の十六分の一にも及ばない」（感興語24.26）からである。

また、釈迦牟尼は、「世の中は行為によって成り立ち、人々は行為によって成り立つ」（経集・大いなる章654）と述べている。多くの人間は、「それぞれの自己がいとしい」（感興語5.18）のである。「それ故に、自分のために他人を害してはならない」（感興語5.18）という道徳律が成り立つ。行動と精神が一体となって善を行うことが求められる。釈迦牟尼は、「身体によって善いことをせよ。ことばによって、大いに善いことをせよ。心によって善いことをせよ」（感興語7.5）と命じている。とりわけ、言葉は重要である。「おだやかなことばは、実に善く説かれたことばである」（感興語8.15）。大乗仏教では、こうした優しさあふれる言葉がけを愛語と呼んでいる。これについても後に詳述する。

豊かな人、地位にある人は、とりわけ他者の利益を顧みる必要がある。「力の有る者であっても、無力な人を堪え忍ぶならば、それを最上の忍耐と呼ぶ」（感興語20.7）。「他の人々の主である人が弱い人々を忍んでやるならば、それを最上の忍耐と呼ぶ」（感興語20.8）とされている。ここに見た釈迦牟尼の言葉は、慈悲や利他行の思想の原点といえるであろう。

第７章　大乗経典にみる貧困と貧困観

法華経は、日本人に最も親しまれている仏教経典である。また般若経典と浄土経典は、古来から日本人が好んで座右においていた経典である。まず、その中から、貧困の様相や貧困観を抜きだしてみる。次に、現代の日本人にはそれほどなじみのない経典の中からも貧困の様相や貧困観をみてみたい。

1　法華経にみる貧困の状態

法華経では、人間は、「苦に悩み、生と老に疲れた無知の衆生」（序品９）という存在である。彼らは、「生・老・病・死・愁苦・悲嘆・苦悩・憂悩・惑乱」（序品56／57）にさいなまれながら、「知恵を欠き、福徳を欠き、輪廻の中を走りまわり、悪い境遇のなかに閉じこめられ、さらに苦の連続のなかにうずもれている」（方便品110）のである。また、生命あるものすべてが、「生の六種の境涯に心が拘束され、一つの苦につづいて新たな苦をうけている」（方便品112）ことが常態となっている。なお、六種の境涯とは、天、人間、阿修羅、畜生、餓鬼、地獄を指し、六道ともいわれる。この六種の境涯から逃れられないこと自体が、人間の困窮である。

たとえ人間として生まれても、「貧窮であったり、好ましからぬものにあったり、苦を経験する」（譬喩品39前）ことがまれではない。貧しい人々は、「排泄物に満ちた嫌悪すべき狭い小部屋が数多くある」（譬喩品41）ような住居に住まざるを得ない。そこは、「糞や尿で廃屋のようになり、蛆虫や昆虫や蛍がいっぱい」（譬喩品44）いる場所である。

劣悪な環境だけではなく、心身にも障害や病を抱えている。「手足が麻痺したり、足が不揃いであったり、背骨が曲がったり、隻眼であったり、愚鈍であったり」（譬喩品122）する。「彼は盲目や聾唖や愚鈍なものとなり、いつも貧乏で」（譬喩品131）あり、「もろもろの病であり、身体には幾コーティ・ナユタもの傷がある。すなわち、湿疹や疥癬にかかり、あるいはかさぶたが生じ、細菌による慢性伝染病もあって、悪臭を放つ」（譬喩品133）存在である。まさに、「あますところなく一面に、生・老・病などという幾百の多くの火によって燃えている」（譬喩品86）状態が一生涯続く。

貧しい人々は、「毎日、二日ごと、三日ごと、あるいは四日ごとに起こる熱病にせよ、永続性の熱病にせよ、発作のときが定まらぬ熱病にせよ」（陀羅尼品）、病気が治癒することはなく、「いつも貧困で弱々しく、病気などの苦痛が多く、よるべなしの世渡りする」（譬喩品124）しかない。人間でありながら、「食事が得られなくて苦しむ餓鬼」（法師功徳品12）そのものである。人間でありながら六種の境涯における餓鬼となってしまっている。そうした人々は、死後も安らげない。彼らのまわりには、「恐ろしい狼がいて、人間の死骸を貪り食べている」（譬喩品45）のである。

2　法華経にみる貧困の原因

他の経典に比べると、法華経では、貧困の原因に言及している箇所は少ない。輪廻のなかにおける困難として、前世での生き方によって「背骨が曲がった人や隻眼の人や足の不揃いな人々、粗末な着物を着た人、色の黒い人、身分の低い人たち」（信解品21）が生じる。彼らの多くは、悟りにいたることができない者、つまり無知な衆生である。つまり、無知が困窮の原因といえる。「愚か者は、他人の小屋に寄宿して痩せほそり、湿疹や疥癬で、身体中が汚れている」（信解品12）状態になって、「苦難に出会い、あわれな乞食になり、疲れはてながら、食を探し求め」（五百弟子受記品38）続けるしかない。「ぼろをつづった衣をまとい、耐乏の生活を行っている智恵劣るものたち」（勧持品５）の境涯は、悲惨である。

コラム７　仏陀の称号

法華経では、釈尊に対して多くの称号が記述されている。序章にかぎってみても、「仏陀」（悟りを開いた人）、「如来」（そのままの存在）、「ジャイナ」（勝利した人）、「善逝」（善く逝ける、つまり転生をしない）、「牛王」（最も優れた人）、「如実」（保護者）というように釈尊は多くの尊称で呼びかけられている。

その中でも如来の十号または仏の十号は、日本でも親しまれている。①「正遍知」（正しい悟り）、②「応供如来」③「命行足」（智恵と行為を兼ね備えている）、④「善逝」、⑤「世間解」（世の中を良く理解している）、⑥「無上士」（この上もない存在）、⑦「調御丈夫」（人々を良く訓練する）、⑧「天人師」（天と人間の師）、⑨「仏陀」、⑩「世尊」。

また、過去から未来まで太陽と月を明かりとして悟りを開いた人という意味の「日月燈明」も尊号として十号の直前におかれている。

3　般若経典、浄土経典にみる貧困の状態

「貧窮で身分の低いものは、乏しい生活を送り、常に何ももたない」（無量寿経・三毒五悪段）が、それは、「怠惰なもの、耐乏生活のできないもの」（善勇猛般若経序）であるからである。彼らは、基本的には、「ものぐさで、努力に欠け、忘れっぽく、智恵劣るもの」（八千頌般若経8）であり、「幸運な生を欲しないもの」（八千頌般若経22）である。「貧窮しているもの、賤しい下僕、能力の低劣なもの」（無量寿経・三毒五悪段）は、「悪病にとりつかれ、死にたいと思っても死ぬことができず、生きたいと願っても生きることができない」（無量寿経・三毒五悪段）状態となってしまう。

貧困と病気や障害は隣り合わせになっている。浄土経典では、そうした状態の人々を並列している。「貧に苦しむもの、下賤の身分のもの、乞食をするもの、身寄りのないもの、聾者、盲者、唖者、道理のわからぬもの」（無量寿経・三毒五悪段）は、皆同列である。

こうした貧しい人の多くは、「胆汁の熱によって焼かれている人、粘液でふくれて、あらゆるかたちで悩まされている人、集合した病に苦しめられている人」（八千頌般若経4）である。つまり、「彼の身体に、風、胆汁、あるいは粘液の不調和から、またはそれらの複合から、何らかの病気が起こる」（八千頌般若経14）ために、「心身に多くの寒熱の苦しみを集め、苦痛と同居する。時によると、このことのために身命を終え、早死にする」（無量寿経・三毒五悪段）ことになってしまう。

病気にはあらゆる種類がある。それらは、「目の病気、耳の病気、鼻の病気、舌の病気、皮膚の病気」（八千頌般若経9）に分類される。また、障害も数多く列記されている。「盲目、聾、隻眼、手足の不自由、背の曲がった、唖、震え、声が不明瞭、吃る、四肢が小さい、四肢が不完全、四肢が異形、虚弱、色がみにくい、容姿がみにくい、感官が小さい、

感官が不具」（八千頌般若経25）といった障害を持った人々が存在した。

彼らは、「老衰と病気とによって弱りはてて、もはや歩く力はない」（八千頌般若経14）状態となって、心も鈍り、「横死を遂げる」（八千頌般若経9）しかない。

4　般若経典、浄土経典にみる貧困の原因

初期仏教と同様に、大乗仏教でも人間の存在そのものが悲惨であると述べている。人間は本来的に、「老病死、苦悩、悲嘆、苦、憂悩、惑乱」（善勇猛般若経4）の塊である。そもそも人間のなかに、「地獄・餓鬼・畜生が満ち満ちて」（観無量寿経）いて、そこから逃れることは困難である。人間即ち「有情たちは、憂い、悲しみ、苦しみ、悩み、心乱れる」（八千頌般若経15）存在なのである。

貧困の原因は、こうした人間のあり方自体に求められる。「ふらふらと怠惰な生活を送り、身を修めて仕事に励んだりしようとはしない」（無量寿経三毒五悪段）人や、「身内の一族に資があろうがなかろうが、気にかける能力さえない。父母の恩を思うこともなければ、師友の義理をたいせつにする気も」（無量寿経・三毒五悪段）ない、「もののやりとりに節度がなく、恩に背き義理を欠き、恩を返そうとする心がない」（無量寿経・三毒五悪段）人は、貧困に陥ってもやむを得ない。また、「酒にふけり、美味を好み、飲食は度を超え」（無量寿経・三毒五悪段）るような人は、たとえ豊かであっても、最後には貧困に陥るか、または来世で悲惨な生活を送る。

一方で、自然や人為的な脅威も貧困の原因となる。自然界には、「害虫のおそれや、猛獣のおそれや、人にあらざるもののおそれのあるところ」（八千頌般若経11）が多く存在する。「猛獣のいる荒野、蛇のいる荒野」（八千頌般若経11／19）では、人間の生活は苦しい。また、「盗賊の出没する荒野、水の得られない荒野、疫病のはやる荒野、食物の得られな

い荒野」（八千頌般若経11／19）に住む人々は、常に恐怖にさらされている。

5　その他の大乗仏教経典や論にみる貧困の状態

大乗仏教経典では、貧困が常態である社会の様相が率直に記述されている。多くの人々が「生・病・老・死に押し破られ苦悩している」（宝積経護国尊者所問経・四法1）。この記述は困難な状態を表す「四苦八苦」の語源であるが、仏教的貧困の様相を良く言い表している。悟りを得られない人々は、「老い、死ぬこと、悲痛、悲嘆、苦悩、憂愁、疲労困憊があらわれてくる」（十地経・第一16）人生を繰り返す。

「今日また世間の人々が貧困である」（菩提行経5.9）社会では、「とても貧しい人々が物を求めて苦しみ、苦労している」（三昧王経29.62）。彼らは、豊かな階層からすれば、軽蔑すべき人々である。「貧しく、財産を持たない人が尊敬されない」（三昧王経3.32）。特に子どもは悲惨である。「みなしごにして身寄りなく、いつもいつも貧窮し」（十地経・第三頌5.2-3）、「よるべのないみなしごたちは、かぎりない不安におそわれ、あまたの苦悩をあじわう」（十地経・第五22）状態となっている。孤独な女性も同じである。「身寄りのない女で、顔色悪く、いやな臭いがして、今にも死にそうな」（如来蔵経27）状態で、かろうじて「救貧院に住んで」（如来蔵経27）いることで生きながらえている。

こうした人々は、釈迦牟尼にすがり、祈りを捧げる。「慈愛の力をお示し下さい。悩める衆生をお救い下さい」（法華経・化城喩品24／35）と、また「生命あるものの渇望を癒やしてください」（法華経・化城喩品40）と祈る。それは自分だけでなく、周囲の人々も含めた救済への懇願である。「世尊はすべての衆生たちをお救い下さい。世尊はこの世間に恩恵を与えてください」（法華経・化城喩品57／58間）と人々は声をあげる。

6　その他の大乗仏教経典や論にみる貧困の原因

法華経等でみたのと同様に、老病死が人間の苦難の原因である。人間は、「老・病・死にとらえられて殺される」（三昧王経9.39）。また、人間の肉体自体に困窮の原因が内在する。「胆汁などの体液は大いなる苦しみを起こさせる」（菩提行経6.22）原因となる。

悟ることができない人間は、苦難から逃れられない。「暗愚なる人は、やがて地獄や、畜生の境涯や、餓鬼の境涯にはいって苦を見出す」（宝積経護国尊者所問経・四法11）ことになり、その結果、「首を縊り、高い所から跳び落ち、毒や健康を害する食物を食うことにより、またよからぬ行為を行って、自身を殺す」（菩提行経6.36）ことになり、そのために次の世でもまた同様の苦難を繰り返すことになる。

ところで、悟りに至らない原因は、八つある。「①地獄など悪処に生まれること、②辺境に生まれること、③身分の低い家に生まれること、④容貌が醜かったり盲目であること、⑤悪友に出会うこと、⑦多病であること、⑧臨終には苦痛を免れず、ついには死にいたること」（護国尊者所問経・第二の章）である。こうしたことが貧困の原因となっている。なぜならば、「誕生を条件として、老・死・苦悩・悲嘆・苦・憂悩・惑乱が起こってくる」（宝積経・迦葉品61）からである。また、前世で悪い行いをした報いとして「生まれつき盲目であったり、聾者であったり、隻眼であったり、手足に斑紋があったり、ひどく身体が不自由であったり、体つきが人に異様な感じを与えさせるようであったり、一見して恐ろしい容貌であったり」（宝積経護国尊者所問経・第一）する。病気としては、「乾枯病、てんかん症、きつねつき」（十地経・第五24）等があげられている。これれは、現在では精神障害として知られている。

彼らは、「貪欲、瞋恚、無知の火焔にじりじりと焼き焦がされ、無数の病気がつのってくる」（十地経・第三9）状態にあり、「老衰し死にゆくあいだに、焦熱の苦悩にさいなまれる」（十地経・第六13）ことになる。そうした人々は、「愛護する者もなく、生・病・老・死の憂いに冒され、病苦にいためつけられ」（宝積経護国尊者所問経・四法５）たままである。もし他の人々が「心をこめて病を治療しようと努め」（三昧王経16.3）ても、「彼らのだれもが病を癒やすことはできな」（三昧王経16.3）いのである。

自然災害が貧困の原因となる場合もある。「豪雨のとき、旱魃のとき、苛酷なとき、落雷のとき、飢饉のとき」（三昧王経35）に人々は困窮する。しかし、こうした記述は多くはない。それよりも前世の生き方がこの世での困窮の原因であるととく場合が多い。「強欲によって貧困が、高慢によって賤しい生まれが、生じ」（宝行王正論1.17）、「貪りによって餓鬼の世界に生まれ」（宝行王正論3.30）かわる。

第８章　大乗仏教経典に描かれている貧困への対応

前章でみたように、仏教経典の中の貧困は、人間の過去の生き方の結果を問うものであったが、その救済は、悟りを開くための修行を行っている者の使命とされている。それゆえ、釈迦牟尼は、悟りを開いた後、多くの人々を救済することを自身にも、弟子たちにも義務づけている。また、前世譚であるジャータカ物語には、仏陀となる前の釈迦牟尼が、人々を救済するために自身を犠牲にした様相が数多く語られている。

1　仏陀による救済

釈迦牟尼は、「あらゆる衆生の救済者（救一切）」（法華経・化城喩品18前）である。「衆生たちに幸福をもたらすために、この世に生まれ出た」（法華経・方便品108）存在である。新約聖書の福音書が描くイエスの生誕の意義と同じように、釈迦牟尼は、「あらゆる衆生のために、慈悲深きものとして出現された」（法華経・化城喩品54）のである。そして、「偉大な慈しみ、偉大なあわれみ、偉大な喜び、偉大な平等（慈・悲・喜・捨）によって、十方衆生を救済することを成就することができた」（法華経・提婆達多品46後）とされている。彼は、悟りを開いて仏陀となった後に、「あたかも一人っ子に対する父親のよう」（法華経・薬草喩品45前）な存在として現れたり、「慈悲を本質とする偉大な医師としてあらわれ」（法華経・薬草喩品60）たりする。釈迦牟尼は、「慈悲の力が私の室であり」（法華経・法師品24）、「生命の施与者であって、物惜しみの心をいだいたことはなかった」（法華経・提婆達多品41／42間）と語る。

釈迦牟尼は、ユダヤ教やキリスト教の神と同様に「私は衆生たちの保護者であり、また父でもあって、彼らすべての生命あるものは私の息子である」（法華経・譬喩品85）と宣言する。そして、「私は他人の苦しみをなくさねばならない、他人を益し護らねばならない」（菩提行経8.94）と欲し、次のような決意をもって救済に望む。

釈迦牟尼は、「病人のためには薬であり、また医者でありたい、また病人の看護人でありたい」（菩提行経3.7）と、また「食物と飲料の雨を降らして、飢えと渇きを滅ぼしたい。飢饉の時期においては、私は食物や飲料になりたい。貧窮なる人々のためには、私は不滅の財宝になりたい。種々の種類の日用品を供えて、かれらの前に奉仕したい」（菩提行経3.8-9）と願う。「よるべのない人々のためによるべとなりたい」（菩提行3.17）という願いが釈迦牟尼の救貧のための行動の基本的な理念となっている。

釈迦牟尼は、「すべての有情たちに対して、慈愛の行為を引き起こすことによって、慈愛の心によって非瞋の行為を引き起こすことによって、非瞋の心によって、奉仕している」（八千頌般若経3）。釈迦牟尼には、「他人の利益を願う心、偉大なる慈しみ、偉大なる憐れみがあ」（八千頌般若経6）り、それによって人々を「慰める」（八千頌般若経6）。

釈迦牟尼は、人々を「あまねく慈しみ、深くあわれみを垂れ」（無量寿経・三毒五悪段）、「身体が乾き枯れている衆生たちをみな、水を与えて満足させる。苦悩のために乾き萎えている人々を安楽のなかに置く」（法華経・薬草喩品18）のである。そして、人々の「生・老・病・死・愁苦・悲嘆・苦悩・憂悩・惑乱を打ち破る」（序品56／57間）ことができる。

救いの手が差し伸べられることで、「飢えや渇きに苦しんでいた人々は、そのとき飢渇の苦しみがなくなった。勝者（仏陀の称号）が城門に足を踏み込まれた瞬間、人々は飢えと渇きから解放されたのである。また同様に、身寄りのない不幸な盲者や聾者はすべて、勝者が城門に足を踏み込まれた瞬間、眼を、そして耳を得たのである」（三昧王経10.2-3）。この記述は、新約聖書における山上の垂訓冒頭の「貧しい人々は幸いである。神の国はあなたがたのものである。今飢えている人々は幸いである。あなたがたは満たされる」（ルカ6.20-21）という箇所を彷彿とさせる。

釈迦牟尼の手によって、「大きな雲が三千大千世界のすべてをおおって、平等に雨を降らせ」（法華経・薬草喩品）、その「大きな雲は、水を一杯にたたえ、稲妻の花冠をつけ、雷音を轟かせながら、すべての生命あるものを喜ばせる」（法華経・薬草喩品6）のである。

釈迦牟尼がすくい取った人々が暮らす「かの安楽世界には、有情にとって、身体の苦しみもなく、心の苦しみもなく、ただ量り知れない安らかさの因だけがある」（阿弥陀経2）だけである。そこは、仏の国であり、「もろもろの地獄の名称すらなく、畜生のたぐいの名称すらも、閻魔界の名称すらない」（阿弥陀経6）のである。こうして、釈迦牟尼は、「偉大な慈しみ、偉大なあわれみ、偉大な喜び、偉大な平等も（慈・悲・喜・捨）、十万衆生を救済することも、成就することができた」（法華経・提婆達多品46後）のである。その結果、「種々の苦悩をもち、憂いの矢に射られてこの上なく苦しんでいた人々は、すべて、最も優れた人である指導者の威徳によって、幸福に満たされたものとなった」（三昧王経10.17）のである。

釈迦牟尼による救済方法は、段階を踏む。そもそも悟りに至る場合も一気に悟りの境地に到達するわけではない。三昧経では、悟りに至るには三段階の「忍」を理解しなければならないと説く。それぞれの「忍」もまたいくつかの段階に分かれていて、その階梯をあがっていくことで悟りに到達すると説かれている。救済も同様に、段階を踏んで、実践される。その具体的な挿話が法華経・信解品に次のように述べられている。

金持ちの息子が父の元を去ってしまう。父は息子を捜すが、息子は貧しく惨めな状態で村々を放浪する。偶然に父の屋敷にたどり着く。父は息子だと分かるが、すぐには受け入れない。まず、最下層の人々がする仕事、芥溜の清掃をさせる。その後少しずつ安心できるように状況を改善していく。二十年たって、息子は、父の屋敷に自由に出入りできるまでになり、財産の管理を任せてもいいほどになった、そこではじめて、父は息子を認めすべてを譲り渡す。

この挿話は、新約聖書の放蕩息子の挿話に似ている。ただし、新約聖書が失っていた者の発見を喜び、神の救済が困窮している者にすぐに届くという描写に対して、法華経の挿話は、救済までの時間が長い。救済過程を重視している。現代の社会福祉における援助方法に障害者の社会生活支援のための社会的リハビリテーション、生活リハビリテーションという理念や実践方法があるが、法華経のこの挿話は、現代の社会福祉援助方法に通じているといえよう。

ところで、釈迦牟尼は、悟りを開いて遷化する以前に、多くの前世を経験している。この前世の出来事を描いた物語をジャータカというが、大乗仏教経典には、数多くのジャータカの記述がある。例えば、宝積部経典に属する護国尊者所問経の本生編には、五〇のジャータカが記述されている。ジャータカの中で前世の釈迦牟尼は、慈悲と喜捨によって、人々の救済を図るが、その際には、自分の生命をも投げ出す覚悟が求められている。ここでは、この経典によって釈迦牟尼の前世における慈悲喜捨による布施行をいくつか紹介したい。

「貧に苦しんでいる乞食を見て、私はおのれのいとしい身体さえ捨てた」（本生７）

「いたるところに私は、衆生のために薬草をうずたかく積み上げた」（本生14）

「人が病に苦しむのを見て、わたし自身の血を施与して、彼を健康ならしめた」（本生24）

「私は、自身の骨を身体から取って、その髄を病に瘦せ衰えた人に施与した」（本生25）

「財宝のすべてを喜捨し、わがいとしく楽しい生命をさえ喜捨して、災難に遭った人を救い出した」（本生26）

「私がかって施与しなかった物は一つもない。わが肉をも皮をも、また骨髄や血液さえ同じく、この身からとって人に施与した」（本生結び）

2　菩薩による救済

大乗仏教では、菩薩とは、「最高に正しい悟りを求めて」（法華経・序品）修行を重ね、「輪廻の世界にはあと一生を残すだけ」（法華経・序品）となった者で、「善根を植え、身も心も慈愛にあふれ、多くの生命の救い手」（法華経・序品）となる存在である。菩薩の修行は、単に菩薩自身が悟りを得るためにのみ行っているのではない。「多くの人々の福利のため、多くの人々の幸福のため、世間に対する憐憫のために修行している」（八千頌般若経10）のである。まさに菩薩は「布施によってさとりへの確信を持つ」（三昧王経26）のである。

あらゆる菩薩は、「あと一生だけまよいの存在に束縛されるにすぎない」（十地経・序章）ところまで修行が進んでいるだけでなく、「あらゆる衆生を菩薩道に成熟させ」（十地経・序章）るために人々を教化する努力をおしまない存在でもある。菩薩は、「あらゆる有情に施与を行い、その施与を無上にして完全なさとりに向けて廻向する」（八千頌般若経22）のである。

菩薩は、「世間の人々の利益のために出で立ち、世間の幸福、世間への同情のために出で立ち、自分は世間の救いの場所となろう」（八千頌般若経15）と、また、「すべての世間の利益のために専心し、すべての世界において菩薩行を実践しよう」（無量寿経・誓願21）と誓う。なぜならば、菩薩は、「平等な心を持ち、すべての衆生の利益を願い、憐れみの心をもつもの」（善勇猛般若経序）であり、「人々に利益をもたらそうとする意欲が心に起こるとき、それは功徳に満ちたものとなる」（金剛般若経3頌2）からである。

菩薩の救済は、最高の援助であると称えられる。「最高の援助とは、身体が、また彼のまわりの人々が援助の恵みを受けることである」（金剛般若経2頌1）。菩薩にとって困窮している人々への援助は、悟りに通じる。菩薩自身が「私もまたそれを、早く得るものとなりたい」（法華経序品16）と願って、「彼らに施物を与える」（法華経序品16）のである。菩薩の「大きなあわれみとは、それをあらゆる衆生に与えること」（維摩経6.3）と同じ意味である。

コラム8　観音菩薩

菩薩の中でも日本人になじみがあるのは、地蔵菩薩、勢至菩薩、虚空菩薩（虚空蔵）であるが、その中でも観音菩薩または観世音菩薩は、最も親しみを感じている菩薩であろう。般若心経では、観音菩薩を信仰すれば、老いも死も訪れない（乃至無老死）と説く。法華経の観世音菩薩普門品は、別名観音経と呼ばれ、古くから日本人が親しんできた経典であるが、観世音菩薩すなわち観音は、その名前を人々が聞くだけで、苦から解放される存在であるとしている。観音の名を呼ぶだけで、人々は苦難や危険から救出される。また、観音に敬意を示せば、悪人もその悪から逃れることができる。子どもを授かることを願えば、善根の備わった子どもが授かる。

観音は、衆生の状態に応じてあらゆる者に姿形を変えて、それぞれに適した教えを説き、功徳を施す。そのために施無畏者（安全を与える者との意）との称号を持つ。観音は、神通力を備え、多くの眼を持ち、清浄な光を四方に放つ。観音は、大きく響く美しい声で教え導く。そのためもあって、観音像は、一つではない。その中でも馬頭観音、千手観音は、日本人に最も親しまれている観音像である。また、こうした功徳を求めて観音巡りが行われてきた。西国三十三箇所をはじめ、各地に三十三箇所観音霊場がある。その中でも信州のそれは、善光寺を中心としていることで中部や関東では最も著名である。

観音経では、観音の功徳もしくは御利益は十五ほど数えられている。①あらゆる煩悩を取り除く、②火除け、水除け、③水難から逃れられる、④～⑥種々の殺害の危機から逃れられる、⑦拘束が解ける、⑧呪術などをはねかえす、⑨悪霊退散、⑩猛獣退散、⑪蛇毒の解毒、⑫雷除け、⑬世間を救済する、⑭地獄からの救済、⑮生老病の消滅。

こうした御利益を願い、人々は観音菩薩を厚く信仰し、ことあるごとにお参りをするのである。

偉大な菩薩は、「社会の利益を願い、社会の安楽を願い、社会に対する憐れみの為に進み、大きな憐れみの心をもち、思いやりの心をもち安楽をもたらすために存在」（善勇猛般若経４）している。「偉大な菩薩は、だれが、だれに、何をという、三つの相の観念にさえもとらわれないで、布施」（金剛般若経４頌４後）を行い、人々を「生、老、病、死、憂、悲、苦、悩、乱から解放する」（八千頌般若経15）のである。その境地は、「四種の聖なる境地、大慈、大悲、大喜および大捨である」（首楞厳三昧経48）とされている。

菩薩は、最後の悟りを開き、涅槃に入るために人々の救済が義務づけられている。一方で、菩薩は進んで救済の誓いを立てている。菩薩は、「すべての有情も、あらゆる方法であらゆるばあいに、すべての苦しみから解き放たれねばな（八千頌般若経１）らず、「すべての有情を捨ててはならない。私はこれらすべての有情を無量の苦しみの集まりから解き放たねばならない」（八千頌般若経１）と定められている。菩薩は、「慈しみの心を持って他人に対し、利他の心を持って他人に対し、親愛の心を持って他人に対せねばならない」（八千頌般若経16）と、また、「あらゆる有情に対して、偉大な憐れみの心を発さねばならない」（八千頌般若経19）とされている。

その一方で、救済を義務だから行っているのではない。菩薩は、「あらゆる衆生に対して利益と安楽とを与えようという意図をいだ」（宝積経迦葉品26）き、「生あるものを老いと死から解放せしめよう」（無量寿経４）との意思によって、「生きとし生けるものすべてを助け、救済します」（宝行王正論3.18）という自発的な誓願をたてて救済を行っている。

また、救済は、抽象的な意味で行われるのではない。「（菩薩は）あらゆる有情のあらゆる渇きをいやす」（八千頌般若経19）。例えば、「憙見という名の薬の大王は、会っただけで、衆生たちの病を癒やすように、菩薩もまた会っただけで、それら衆生たちの病い、すなわち貪りや憎しみや愚かさという病を癒やす」（首楞厳三昧経39）と言われているように、その救済は具体的である。「衣服、托鉢で得た食物、ベッド、座具、病人をいやすための薬品などの用具、幸福のためのあらゆる品物」（八千頌般若経６）を施す。「貧しく苦しんでいる人々を見ると、食物を与えて」（三昧王経36.53）、満足させるのである。

菩薩は、援助者であると同時に医師であり、介護者でもある。菩薩は、「実に生・老・病・死の不安をいやす最高の医師である」（維摩経1.7）と称えられる。「疾病の多い中劫にあっては、彼は良質の薬となり、人々は諸病もなく幸福になる。飢饉の中劫にあっては、食物や飲み物となり、飢えと渇きを除」（維摩経7.24-25）く。「盲目の有情たちの光明、よりどころのない有情たちのよりどころ」（八千頌般若経27）となる。まさに菩薩は、「あらゆる衆生たちをすべての恐怖から救うものであり、すべての苦しみから解放するものである。喉が渇いた人々にとっての池のように、寒さに苦しめられている人々にとっての火のように、裸者たちにとっての衣服のように、病人たちにとっての医師のように、すべての苦しみから解放する」（法華経・薬王菩薩本事品）存在なのである。

釈迦牟尼と同様に、菩薩も「保護者のいない有情たちの保護者とな」（八千頌般若経27）り、「貧困の人々に対しては、尽きることのない宝庫ともなる」（維摩経7.34）ことで、困窮している人々に十分な布施を行える。菩薩は「休息所であり、避難所であり、保護所であり、おそれている人々にはいつも安心を与え、おびえている人々には慰安を与える」（三昧王経36.62）存在である。

こうして菩薩は、「衆生を慈しんで、十方で世間を遊歴」（経安楽行品42）し、「常に慈しみの力を発揮し、常にあらゆる衆生をいとしんで、すべてのものに対して慈しみの力を発揮」（経安楽行品45-46）する。法華経では、菩薩の布施は、永遠に続くとしている。「さまざまな布施を行い、幾千・コーティ劫ものあいだ布施を」（経分別功徳品21）する。菩薩は、「病気にかかり、病に苦しむ衆生たちの薬となるだろう。また、病気も老年も、不時の死も身体に侵入しないであろう」（法華経・薬王菩薩本事品）という存在なのである。

釈迦牟尼の前世譚であるジャータカにおける喜捨と同様に、菩薩もまた、喜んで自分自身を救済のために捧げる。なぜならば、菩薩は「あらゆる衆生をひとりっ子のように愛する」（維摩経4.7）からであり、「すべての有情をその偉大な慈しみとその偉大な憐れみによって覆い『私はこれらすべての有情の救済者になろう、これらすべての有情をあらゆる苦しみから解放してやろう』と心をそそぐ」（八千頌般若経22）からである。菩薩は、「生けるものどものためには自己をも顧みることがない」（菩提行経6.121）のである。

救済のための布施は、「三種に分類され財物と、おそれなきと、教えとから」（金剛般若経４頌３）なるが、菩薩は喜捨をおそれない。しかも、「生きとし生けるもののために、菩薩は、このような布施、喜捨を行わなければならない」（金剛般若経14f）という掟をも伴っている。以下は、経典にみられる喜捨の例である。

「たとえ猛獣どもが私を食べようとも、彼らにその施物を与える」（八千頌般若経19）。

「たとえ、盗人たちが私のすべての所有物や装飾品を奪おうとも、彼らにその施物を与える」（八千頌般若経19）。

「寿命の尽きるまで、世間にとどまって、それらすべての有情に、衣服、托鉢で得た食物、寝具、座具、病をいやすための薬品などの用具、幸福のためのあらゆる品物をもって奉仕した」（八千頌般若経25）。

「身体を天の衣で包み、香油のなかに浸して、法門を供養するために、自分の身体に火をつけた、真の供養である」（法華経・薬王菩薩本事品）。

こうした菩薩の行為は、十地経の中で菩薩の十の境地の一つとして繰り返し記述されている。それは、慈愛と慈悲であり、それに基づく、布施と喜捨と愛語（優しい言葉掛け）という行為である。

菩薩は、衆生をやさしく見守る。「かぎりない慈悲深さが、そもそものはじめにあって」（十地経・第一４）、「かぎりない慈愛ぶかさをもっている」（十地経第一９）。深い慈悲と慈愛によって、「衆生のためとあれば、はかり知れないほどさまざまな喜捨にいそしむ」（十地経第一頌17）。また「布施をしたり、やさしい言葉を話したり、ひとびとのためになる善行をなしたり」（十地経第一21／第二17／第四21／第五29／第六30）する。

十地経では、菩薩の慈愛や、慈悲という境地と、布施や喜捨という行為とを二十箇所ほど言及している。

○慈悲と慈愛

「慈愛ぶかさや慈悲ぶかさも、やがて現前し」（十地経・第一1）

「かぎりない慈愛深さと慈悲深さを、あますところなく清浄にし」（十地経・第一2）

「衆生をもやさしく見守るようにしたい、かぎりない慈悲にあふれ」（十地経・第一頌1.5-6）

「慈悲ぶかく、慈愛にもあふれる」（十地経・第一　頌9.5-6）

「あらゆる衆生を念じて、恵みあれかしとの心をおこす。安らかなれかしとの心、愛情こまやかな心、憐愍の心、仁恕の心をおこす」（十地経・第二11）

「もっともうるわしい慈愛ぶかさと慈悲ぶかさを求道してゆく」（十地経・第三5）

「大いなる慈悲があらゆる行いのまっさきにある。大いなる慈愛をいだいている」（十地経・第四12）

「うるわしい慈悲・慈愛という眼を見ひらいて」（十地経・第五頌4）

「大いなる慈愛があり、慈悲ある資質を、かぎりなくゆたかにする」（十地経・第五22）

「大いなる慈悲と憐愍があって、あらゆる衆生を見放さない」（十地経・第八12）

○喜捨

「かぎりのない喜捨に努力する」（十地経・第一17）

「慈悲ぶかく慈愛ぶかく喜捨をする道心がある」（十地経・第一18）

「恵みぶかさのある心、慈しみぶかさのある心、あらゆる衆生に恵みと安らぎをもたらそうと綿密に配慮した心をおこしている」（十地経・第二8）

「憐愍や慈悲や慈愛の心をおこすにも、まことに妙を得ている。あらゆる衆生のためであれば、請われなくとも恵みをもたらす」（十地経・第二16）

「浄らかな喜捨をも、浄らかな善行をも、正しく実行する」（十地経・第二16）

「ひとびとに恵みをもたらし、安らぎをもたらす」（十地経・第四頌10.4）

「世間に恵みをもたらす、心やさしい実践をなす」（十地経・第七６）

「それらの光明は、十方にわたって、あらゆる餓鬼世界の衆生の苦悩をいやす、人間の苦悩をいやす」（十地経・第十）

「衆生のねがいのままに施しをして、彼らをやさしく守護する」（十地経・終章17）

第9章　大乗仏教経典にみる貧困救済の理念と実践

釈迦牟尼は、自身や弟子である僧たちによる救済、菩薩の境地からの実践だけでなく、在家の仏教徒にも実践を説いている。「おのおのが強健なあいだに、努力して善行を修めて、精進してこの俗世を超え渡ることを願ってはどうか」（無量寿経・三毒五悪段）と勧めている。

救済の実践については、具体的に四つの方法が説かれている。「与える（布施）、やさしいことばをかける（愛語）、人を利益する行為をおこなう（利行）、人と苦楽をともにする（同事）」（宝積経・迦葉品19）。その実践にあたっては、四つの境地が基本となる。「四無量心、慈・悲・喜・捨は世間に栄える」（八千頌般若経3）のである。

１　救済の理念

貧しい人々の救済は「一切のおこないが平等な愛によること」（理趣経）が重要である。「平等であって不平等ではない」（法華経薬草喩品44後）こと、つまり「金剛平等」（理趣経）の境地をもっとも重視している。それは、四梵住ともいわれる「慈しみの心とあわれみの心と喜びの心と平等の心」（三昧王経１）の境地をいう。住というのは、「慈しみの心（慈）を住居とするものであり、またあわれみの心（悲）を住居とするものであり、喜びの心（喜）を住居とするものであり、常にあらゆる生存に対して平等の心（捨）を起こす」（三昧王経9.64）からである。

そこから、「貧者に出会えば財を得さしむべし」（三昧王経17.92）という道徳律が生まれる。豊かな人は、「あらゆる人に対する喜捨（施）に心を傾ける人になりなさい」（三昧王経37.83）と、また、「慈しみの心とあわれみの心を実践して、喜びの心と平等の心をいつも楽しむ人でありなさい」（三昧王経37.94）と諭される。「悲惨な人々に財を与えることとは、世人に物質的なほどこしをすることである。貧しい人々を落胆させないこととは、人々に対してあわれみの情をいだくことである」（三昧王経1.91後173-174）。

そして、「施しに窮まりがない」（善勇猛般若経４）のであり、「施与の完成に努力しなさい」（八千頌般若経15）と、「布施の行いをよろこび、あらゆる衆生にあますところなく恵みをもたらそうとつねに努力し」（十地経・終章５）なさいと勧められる。「仁慈の心をいだいて博愛につとめ」（無量寿経・三毒五悪段）れば、「恵みを施せば福を得る」（無量寿経三毒五悪段）ことになる。

平等の理念は、執着からの離脱を意味する。「等しく分配することを喜び、執着を離れ、所有物を放棄して施し、他人に手をさしのべ、法やものが施されたときは等しく分配することを喜び、布施において物惜しみせず」（無量寿経）行うことが求められる。つまり、「事物に執着しながら布施をすべきでない。何かに執着しながら布施をすべきでない」(金剛般若経4)のであって、「執着することなく布施をしなければならない」(金剛般若経14e頌27頌28間)のである。

「すべての有情には施与布施にもとづいた善行徳目」(八千頌般若経6)があるが、豊かな人は、より善行徳目を実践しなければならない。それは、「大乗は徳の宝庫で、自らの利益を顧みることなく、他人の利益をともに味わうことを喜びとする」(宝行王正論4.70)からである。大乗仏教は、「施し、戒め、忍耐、努力、禅定、智恵、慈悲からなって、施しと戒めによって利他を完成す」(宝行王正論4.80-81)る宗教である。そのため、「施しとは、自己の財を施与することであり、戒めは、他人に利益を行うことで、慈悲とは、すべて生きとし生けるものに対して憐れみが一味平等である心であ」(宝行王正論4.36-37)ると定めている。

2　救済の具体的な方法

仏教徒となった豊かな人々は、慈悲をもって喜んですべての所有物を捨て布施をする。それは、釈迦牟尼を見習っているからに他ならない。釈迦牟尼は、前世のある時代に国王であったが、そのときには、「量り知れぬ布施を施した」(法華経・提婆達多品41／42間)と述べている。法華経・提婆達多品には、国王であった釈迦牟尼は、所有する財産はもちろん、領土も、妻や子供たちも、さらには自分の体まで喜捨したと記されている。本心から「財宝・穀物・下男・下女、および宝石・真珠・金・銀を、全然惜しむ気持ちもなしにことごとくほどこしてしまった」(三昧王経3.3)人が称賛される。「息子たちも娘たちも施し、大事な肉さえも施す」(法華経・序品18)ことが当然であり、ついには、「ある人々は頭を、ある人々は眼を、またある人々は最も大切なものである自分の身体を施し、浄い心でもってそれらの施し」(法華経・序品19)を行わなければならない。

布施を行う者は、その対象者を恣意的に選択することはできない。「適当なときに現れ出た乞食は、施与のための原因」(菩提行経6.105) であるとされる。眼前にいる貧しい人々への対応は、まず、布施、つまり経済的な給付から始まる。豊かな人は、「財でもって彼らを貧乏から救」(三昧王経29.62) うことが当然とされる。

布施について、「もしも一人の人が苦しむことによって、多くの人々の苦しみが消滅するのであるならば、自他にたいする慈悲心のある人は、その苦しみを生ずべきである」(菩提行経8.105) という経文がある。この箇所を中村元は最大多数の最大幸福と捉えているように思われるが (中村元2004：133)、この句の前に「その苦しみは、何ものにとっても自分を所有する苦しみである」(菩提行経8.101) という句がある。これらの句相互の関連から解釈すれば、慈悲による布施は、布施を行う人自体が既に苦のなかにあり、布施を行うこと自体も苦になり得るが、それは甘受すべき苦であると解すべきではないだろうか。布施は、同時に慈悲が要求されるが、それはやさしいことでないのである。

医療や介護の提供も重要な救済の手段である。「彼はすべての薬を巧みに使いこなし、すべての病気の発生にくわしく、すべての病苦を取り除く。彼は、いろいろな病の治療に従い、それらをすべて治すであろう」(善勇猛般若経序)。援助者が医師であれば、「すべての衆生のためにまことの治療を施し、誠の治療によって衆生を治癒すべきである」(宝積経迦葉品93) ことが当然となる。医師は、薬草を使い、病気の治療を行い、障害を癒やす。「生まれつき盲目のものに慈悲心を起こし、あらゆる色と味の素因をそなえたという薬草、四種の薬草、それらの調剤を行う。生まれつき盲人の治療に用いる」(法華経・薬草喩品55-57)。このように、「人間の命を維持する能力がはたらいている」(八千頌般若経25) のであれば、その能力を布施することになる。足腰の弱った高齢者に対しては、「ふたりの力持ちの男が、左右の両脇から、その人をしっかりと支え、十分に手助け」(八千頌般若経14) する。

こうした布施や喜捨は、在家であっても悟りに至る道である。「衣類・食物・臥具・座具・医療用品などをもって、善を産み出す」(三昧王経6初) ことがそのまま、「根源を三昧の獲得のためにふり向ける」(三昧王経6初) ことにつながる。

先に触れた法華経・提婆達多品では、こうした境地を得るための奉仕の挿話が記述されている（提婆達多品41-42間/43-46）。釈迦牟尼の前世である国王は、法華教の教えを聴くために仙人に奉仕する。昼は薬草、飲料（水）、薪を集め、家の警備もし、夜は仙人のベッドを支えた。それを続けても疲れは全くなく千年が過ぎ去った。中村元は、後撰集にある行基の歌「法華経をわが得しことは薪こり菜つみ水くみつかへてぞ得し」を引用しつつ、「骨身を惜しまず人々に奉仕する」（中村元2003：124）ことが法華経の精神だと述べている。自分の身を挺して病人を支えるほどに他者への助力をするということが、大乗仏教の貧困救済の基本にあるといえる。

3　民衆の要求と為政者の姿勢

為政者にも慈悲と布施、喜捨が求められる。民衆は、為政者に対して福祉と仏教保護を要求する。仏教徒である為政者は、こうした声に耳を傾け、民衆の要求を実現する努力をすることが求められる。「戒めと慈悲をたもつ王は、威光あるものとなり、人心を得る」（宝行王正論4.41）が、慈悲を持たない王からは民心は離反し、国は滅びにいたる。宝行王正論から、民衆の為政者への要求を抜きだしてみよう。

「施し、慈愛のこもることば、有益な行為、協力（布施・愛護・利行・同事）によって、世の人びとと法の庇護を行って下さい」（宝行王正論2.33）

「老人、幼少者、病人をはじめとする生きとし生けるものの苦を除くために、地方に医者、理髪師などを置き、宿舎、小亭などをつくり、寝具、食物を備えつけてください」（宝行王正論3 42-43）

「病人、孤児、苦に悩むもの、賤しい者、貧しい者などを、慈愛をもってつねに救済し、彼らを養護するように心を用いて下さい」（宝行王正論3.44）

「眼薬、除毒罪を屋舎に備えつけ、処方の薬を書いてください」（宝行王正論3.47）
「胡麻、米、穀物、食物、薬、油などを備えつけている小亭を、涼しい木陰につくり、浄らかな水で満たすようにしてください」（宝行王正論3.49）
「災厄、凶作、災害、流行病などで荒廃した国にあっては、世の人びとを救済するのに寛大であってください」（宝行王正論3.52）
「田地を失った人びとに対しては、種子や穀物をもって救済し、努めて租税を免じ、または少しでも租税を減じ、病患から良く守り、税を免じ、または税を減じてください」（宝行王正論3.53-54）
「盲人、病人、不具者、苦悩ある者、庇護を失った者、乞食者、彼らすべてが平等に咎められることなく、飲食物を得られるようにしてください」（宝行王正論4.20）

コラム9　行　基

菩薩は、先に述べたように悟りを開く直前の存在であり、その中でも観音菩薩、地蔵菩薩、勢至菩薩、虚空菩薩（虚空蔵）等が日本人には親しまれている。ところで、生前に菩薩と呼ばれた人がごく少数ながら存在する。ここでは、その中で行基を取り上げてみたい。

行基は、聖武天皇が奈良の大仏を建立した際に大僧正としてその完成に尽力した。東大寺要録には「文殊師利の反化なり」との記載がある。ちなみに聖武天皇は聖徳太子の生まれ変わりであり、聖徳太子は「救世観音の変身」と記載されている。ところが、続日本紀・養老元年四月の条では、「小僧の行基とその弟子は徒党を組んでよくないことを構え」（宇治谷猛1992：182）とあり、若い頃は迫害を受けていた。

行基は、七四九年に死去するが、続日本紀には、その事績として橋や堤防を築貴多くの人を教化したと記載されている。平安時代の仏教説話三宝絵には、「行基菩薩の難波にをわしまして橋をつくり、江をほり、船をわたし、木をうへ給う」（源為憲984：79）とあり、行基は文殊の現身であるとも書かれている。その他、布施屋―社会福祉事業における無料宿泊に比することができる施設

―を運営し救貧に努めたともいわれている。さらに、江戸時代の仏教説話では、温泉地獄に降り、前世の悪行のために餓鬼となって苦しんでいる者たちのために法会を行い、地獄から救い出したという話が残されている（西田耕三：91）。

橋や堤防を築いたり、大仏を建立するには、土木工事の技術が必要である。また、鉱山の開発（とりわけ大仏のためには銅山、金山）や資材を搬送するための道路・港湾の整備、輸送事業者の育成も必要となる。さらに、こうした事業に伴って、事業に従事する人々のための衣食住の生産、提供や物流、人の往来も活発になる。こうした事業によって人々の生活が安定し、産業の振興によって地域が活性化すれば、貧困救済のための布施は、ある程度不要となる。このような公共事業による仕事と収入の提供を「公共事業型福祉」と呼ぶ場合もある。行基は、布施屋により貧者に対して食住と医療介護を提供し、公共事業により人々の生活安定を図り、その一方で、仏教の布教にも務め、伝説としては地獄の餓鬼をも救ったのであり、まさに菩薩の名にふさわしいといえよう。

4　援助者の倫理

豊かな人々が、困窮している人々に援助すること、その援助は無限であることは、大乗仏教では当然のことであり、その結果として輪廻からの解脱を図りうるということも当然のことと考えられていた。布施や喜捨が悟りの境地に結びつくということは、布施や喜捨に対する世俗的な見返りを期待しないということに通じる。また、傲慢と偏見をともなう援助は、布施や喜捨に値しない。先に述べた平等の理念は、援助をする側の倫理の基本となる。

援助者は、「悲惨な人々を軽蔑しないこと、そういう人々に財を与えること、貧しい人々を落胆させないこと」（三昧王経1.15後172-174）が求められる。つまり、「悲惨な人々を軽蔑しないこととは、あらゆる生あるものに対して平等の心をもつことである」（三昧王経1.91後172）のである。「心のこもった施し、慈愛、これらが法であります」（宝行王正論1.10）とあるように仏法にかなう行為は、高い倫理性を求められる。

「その布施に対する結果として報いがあることを期待しない」（法華経・宝積経迦葉品16）ことも求められる。援助者の倫理として「物欲の思いなしに与え、衆生に対して大きな慈悲をもち、力弱い衆生に対しては忍耐をもって世話する」（法華経・宝積経迦葉品20）ということが定められている。「貧賤の人々を差別なく平等に考え、その報いなどは期待することなく、大悲の心からして布施を行なう」（維摩経3.76）ことが要求される。すなわち、「返報のあることを予期しないから、それを人への施与という」（維摩経3.56）のである。「あらゆる人々に利益を与えよう。しかし、彼らからはなんの利益も期待しない」（維摩経9.17）ということが基本的態度となる。「報酬を望むことなく、他の人びとに対して利益を行ってください」（宝行王正論3.73）ということが行動規範となる。新約聖書の福音書でイエスは、「施しをするときには、人からほめられようと会堂や街角でするように、自分の前でラッパを吹き鳴らす」（マタイ6.2）すような行為を慎めと諭している。このような行為は、報いを期待している行為だとイエスは非難している。大乗仏教経典にみる援助者の倫理も、イエスの教えと相通じている。

豊かな人が蓄財をすることが赦されるのは、「貧困の者は布施をもって引き寄せる」（維摩経9.17）ことが目的である場合に限られる。「乞食者に施しをしないならば、再び（来世で）この富を得ることはない」（宝行王正論4.7）のである。豊かな人は、「恩愛をひろめ恵みを施」（無量寿経・三毒五悪段）すために「よるべない衆生や貧窮の者を救うために、無尽の財産を所有している」（維摩経2.2）のである。

ある在家の女性は、「貧乏で苦しんだり、身寄りのない衆生を成熟させるためには、大いに蓄えたい」（勝鬘経4a.6）と語っている。彼女は、蓄財の目的と布施の覚悟も語っている。「身寄りのないもの、牢につながれたもの、捕縛されたもの、病気で苦しむもの、思い悩むもの、貧しきもの、困窮者、大厄にあった衆生たちを見たならば、彼らを助けずには、一歩たりとも見捨てていったりしません」（勝鬘経4a.8）と誓い、「無限の荷物を背負って、すべての衆生のよりどころとなり、慈善を行い、慈悲の心をいだき、利益をはかり、憐愍の情をもつものとなり、まさしく世間の母（法母）と呼ばれるものとなります」（勝鬘経7.iii）と決意を表す。

培った財産は、守るものではなく、喜捨すべきものである。「つねに他人の利益のために務めよ。不幸に陥った人々、よるべのない人々に分かち与えて、その他のものを捨てるべき」（菩提行経5.84-85）なのである。とりわけ、貧困から抜け出すために罪を犯した人々を救済するために布施をすべきである。「慈悲は、ことに恐ろしい罪を犯した悪人たちに向け」（宝行王正論4.31）なければならない。「このような憐れむべき人びとこそ、慈悲にふさわしい」（宝行王正論4.31）からである。福音書のイエスの言葉、「丈夫な人に医者はいらない」とほとんど同様の思想がここにある。ただし、不必要な援助は禁止されている。援助が、「役立たないならば、その人にその食物を施してはなりません」（宝行王正論3.64）とされている。

「つねに慈愛をもち、恩恵を施すものとなり、つねに慈愛によってすべての人に対して利益する心を起こし」（宝行王正論4.30）ていくことが豊かな人の責任である。この「善き心は決して滅びる」（菩提行経5.22）ことはない。こうした倫理、行動規範を守るためには、「他人を促して善いことをさせるのに巧みな人々、他人から請われなくても恩恵を与える人々のことばを、頭を垂れて尊奉」（菩提行経5.74）するという謙虚さも必要となる。

しかしながら、大乗仏教経典には、慈悲や布施の限界も述べられている。仏教の目的は、解脱であり、慈悲による布施もその為の実践である。だからこそ、「世間的、物質的ほどこしでもって他人に奉仕する人々にとっては、すべて現実的な意義しかない」（三昧王経5.3）のであり、「だれかが食を施したとして、彼らはかならずしも大きな果報を得るわけではなく」（維摩経3.13）、物質的な布施によってのみで援助者が解脱に至るとはかぎらない。

浄土経典には、解脱によって浄土に生まれかわる場合を上品、中品、下品の三種に分け、各々をさらに上生、中生、下生に分類している。布施による浄土への生まれ変わりは、中本下生であり、それほど高い価値を認めていない。布施を行うのみの人は、解脱に至るまで長時間を必要としている。「父母に孝養し、世の仁慈を行わんに、この人、命終わらんと欲する時、善知識のその為に阿弥陀仏の国土の楽事を広説しまた法蔵比丘の四十八願を徳に遇わん、即ち西方極楽世界に生る。観世音及び大勢至に遇い、一小劫を経て、阿羅漢と成る」（観無量寿経・第十五観）と書かれている。

第10章　中国古典にみる貧困観と貧困への対応

東アジアでは、キリスト教、仏教と並んで、儒教が宗教としても倫理哲学としても重要な地位を占めている。ここでは儒教以前の中国の古典と論語を中心とした儒教典にある貧困観と貧困への対応を概観したい。

1　伝統的な貧困観と為政者による恣意的な救済

現存する最古の日本法典である養老律令では、「鰥寡。孤独。貧窮。老疾。の自存するに能わずは、近親をして収養せしめよ。若し近親無くは、坊里に付けて安恤せしめよ」（戸令32）と定めている。律令制は、唐の制度を導入したとされているが、鰥寡孤独貧窮老疾の者に対しての公的な給付は、史書をみると中国では古代から行われていたようである。史記・孝文帝本紀には、三代孝文帝が皇后を立てた際に「天下の鰥寡、孤独、窮困者及び八十歳以上の老人、九歳以下の孤児に布帛、米、肉をそれぞれに応じた数量で賜った」（小竹文夫・小竹武夫1995：361）との記述がある。また、漢書では、やはり皇后を立てる際に「鰥寡、孤独、窮困の人らが、あるいは死亡に瀕していてもこれをかえりみ憂える者はない。これを救いこれに給与し貸与する方法を議せよ」（小竹武夫1997：118）という記載があり、高齢者については、「八十以上の者には米を一人につき月一石、肉二十斤、酒五斗を賜う。九十歳以上の者には、そのほか一人につき帛二疋、絮三斤を賜う」（小竹武夫1997：118）とするみことのりが書かれている。

漢書では、孝文帝のみことのりとして「民のある者は衣食の資が欠乏して生を遂げられない。朕はそうした状態を憂える。それ天下の民に今年の田租の半分を免除する」（小竹武夫1997：122）との記述がある。養老律令では、租税の不課戸として廃疾、篤疾があげられている。続日本紀をみると元正天皇は養老六（七二二）年八月に「今年は雨が少なく稲が実っていないという。よって左右京および天下の諸国の田租はいずれも免除せよ」というみことのりを発している（宇治谷猛訳2006：27）。このように減税も貧困救済の方法として活用されていた。

なお、鰥は身寄りの無い男性、寡は身寄りの無い女性、孤は身寄りの無い概ね十三歳未満の子ども、独は身寄りの無い高齢者、疾は病気または障害者を指す。廃疾及び篤疾は、重度の身体障害および、知的障害、精神障害を意味する。東アジアでは、貧困とは、親戚縁者のいない鰥寡孤独疾の状態のことであった。

また、養老律令には、「如し路にありて病患して、自勝するに能わずは、当界郡司、収りて村里に付して安養せしめよ」（戸令32）とある。旅行中の不慮の病気、傷害についても公的な救済の対象となっていた。

法による公的な給付ではなく、孝文帝のみことのりに見られるような国家または支配者の慶事や瑞兆の際に一時的に行われる救貧を賑合という。日本の史書にもしばしば賑合の記事を見ることができる。

日本書紀を例にすれば、壬申の乱後、天武天皇七年の記事に「二月に大恩により貧乏な者の救恤を行い、飢え凍えている者に物を与えた」（一九四四年版：351〈現代語は筆者訳〉）という記事が唐突に置かれている。また、持統天皇即位直後の大津皇子の乱後の記事に「孤独および高齢者に綿布や絹を給付した」（筆者訳：407）とある。
続日本紀では、天平八（七三六）年七月の記事として聖武天皇が先の天皇（元正天皇）の病気平癒祈願の際に「病気の者には、煎じ薬と食料を給付せよ。高齢で百歳以上の者には籾米四石、九十以上には三石、八十以上には二石、七十以上には一石与えよ。鰥・寡・惸（孤を意味する）・独・廃疾・篤疾で自活できない者には所管の官司がその程度を量って、増量し恵み与えよ」（宇治谷猛2006：356）との詔が記述されている。

公設事業としては、聖徳太子が四箇院を四天王寺に設けたとされているが、考古学上の証拠はない。史書の具体的な記述としては、続日本紀に七三〇年四月聖武天皇が皇后府に施薬院を設置したとの記事がある。これは現在の医院と薬局の機能を持つ施設であった。また、悲田院は、いわゆる救貧施設であるが、日本書紀、続日本紀には明確な記事はない。興福寺悲田院の来歴には元正天皇が七二三年に設置し、七三〇年に光明皇后によって平城京内に二箇所設置されたとあるが、続日本紀には記載はない。ただし現存する史跡や町名から、少なくとも平安時代までには、畿内に複数の施薬院、悲田院が存在したと推測できる。

2　諸子百家にみる貧困と対応

中国古代の諸子百家と呼ばれる思想家の中から、日本でも親しまれている、老子、韓非子、墨子のなかに見られる貧困観や貧困への対応を概観する。

老子は、人生の困難を「盲・聾・爽（味覚の麻痺）・狂・妨（不正な蓄財）」にあるとしている（第12章）。欲望によって、こうした障害が生じる。人々は「孤寡不穀」（第39章／42章）にはなりたくないと考えているが、逆にそうなりやすい。ここでは、寡は、男女を問わず配偶者を失った者の意であり、不穀は、悪行を行うとの意である。なぜ、人間は、こうした望まない状態に陥るのか。原因の多くは為政者にある。老子は、「民が飢えるのは、その上に立つ者が税を多く取り立てるからである。民が治まらないのは、その上に立つ者が余計な政策を行うからである」（第75章）と為政者を非難している。

逆に為政者が「仁愛や正義をすててしまえば、人民は孝心や慈愛に満ちた状態に戻る」（第19章）と述べている。老子の理想は、「小国寡民」であり、「隣国が見えるところにあっても、住民はお互いに往き来しない」（第80章）ような閉じたコミュニティである。老子は、三宝の第一を「慈悲」（第67章）としているが、小さなコミュニティの中での生活であれば、人々は、人間本性である「孝慈」（親は子を慈しみ、子は親を敬うこと）が自然と行われる。そこには為政者の政策は必要はない。

韓非子は、貧困の原因は、人間のありようそのものにあると説く。「人は富んで貴く、体調も万全で長生きすることを望まない者はないが、それでも貧しく賤しく、寿命を全うできずに若死にの災禍から免れることができないでいる。心では富んで貴く、体調も万全で長生きすることを望みながら、現実には貧賤で若死にしてしまう」（第20解老篇13）。つまり、理想通りにはものごとは実現しない。その理由は、「民の本性は、労働を嫌って安逸を好むもの」（第54心度篇2）だからである。また、社会情勢の変化も貧困の原因となる。「人間の数はふえていって財貨は乏しくなり、汗を流して働きながら生活は貧しくなってきた。だから人々は争うのである」（第49五蠹篇2）としている。これはマルサスの人口論における議論と通じるところがある。

貧困状態になると人間は苦痛を覚える。「きびしい災厄が外からせまってくれば、苦痛が胃と腸とのあたりに交錯し、人を傷つけることいたって激しい」（第20解老篇27）状態となってしまう。貧困からの脱却は、結局自助努力しかない。「家族が暮らしを立てていくとき、互いに飢えや寒さをこらえ、互いに苦労を励まして生活をしていく。たとえ戦争の難儀、飢饉の苦しみにであっても、やがて暖かい着物を着、おいしい物が食べられるのは、必ずこうした一家である」

（第46六反篇5）と述べている。

それでは、為政者は、貧しい民衆に対してどのように対応すれば良いのか。韓非子は、仁をもって対するべきであるとしている。「仁とは真心から喜んで人を愛することである。人が幸せであることを喜び、人が災難にかかるのを憎む」（第20解老篇3）ものである。すくなくとも「民衆に恩恵を施すさいには、帝室の財産を散じ、大きな穀倉を開くなど、民衆に利益を与えるものは必ず君主からでるように」（第9八姦篇2）することが為政者の心構えとして必要である。

そうした社会は、「強い者は弱い者をいじめず、老人には寿命を全うさせ、幼い孤児も成長できるように」（第14姦劫弑臣篇7）する社会である。ただし、その仁は、当時一般に言われていた仁義恵愛とは、かなり異なっている。「貧困な者に施すのは、世間でいうところの仁義であり、民衆を哀れに思って刑罰を加えるに忍びないというのは世間でいうところの恵愛である」（第14姦劫弑臣篇10）。しかし、仁義恵愛は為政者の取るべき理念ではない。「もし、貧困な者に施すとすれば、それは功労のない者でも褒美をもらえるとのことで」（第14姦劫弑臣篇10）あるから、上からの施与は、かえって社会全体の富を減らす。多くの学者は、「君主を説くに、皆利を求める心を捨てて、愛し合う道を守れという。これは君主が下に対して、父母以上の親密さを抱けというに等しいものである。だから明主は受け入れないのである。聖人の政治は、法律・禁令を明確にする。賞罰にえこひいきがなければ、人民は働く。人民が働き、行政が順調に機能すれば、国は富む」（第46六反篇3）。このように法令による支配によって、勤労による富国が実現し、それが最も良い貧困対策となる。人間の本性として「子どもを愛する者は子どもを慈しみ、生命を重んずる者は身体を慈しみ、業績を尊ぶ者は仕事を慈しむ」（第20解老篇35）のだから、「子どもを慈しむ者は、けっして衣食を絶やしはしない」（第20解老篇38）のと同様に、「身体を慈しむ者は、けっして法律に背くことはない」（第20解老篇38）。そうであるからこそ、厳格な法の実施が必要となる。そうでない仁義は、暴政と同じであり、「君主が道をわきまえていないと、国内では民衆に暴政をしき、国内で暴政をしくと、民衆の産業が滅び」（第20解老篇24）、国も滅びる。

墨子は、人々の困窮を「三患」（非楽上篇）と言い表している。三患とは「飢えた者が食物を得られず、凍えた者が衣服を得られず、労働に疲れた者が休息を得られない」（非楽上篇）ことをいう。その原因は民生安定政策の失敗にある。「諸侯や卿・大夫など国家を統治している者たちは、全員が国家が裕福となり、人口が増加し、治安が保たれるよう願っている。ところが実際には、富裕を達成できず貧困となり、人口増加を達成できずに人口の減少を招き、安定的統治を実現できず混乱に陥っている」（尚賢上篇）との認識を示している。このような現状認識は、韓非子と類似している。

その原因は、自己の利益のみを図る為政者やその臣下が横行するためであり、社会の安定は、「兼愛」（兼愛上篇）にある説く。「父や兄や君主をわが身と同一視するならば、どうして孝でない態度を取ろうか。息子や弟や臣下をわが身と同一視するならば、どうして慈しまない態度を取ろうか。君主と臣下や父と子の間も、すべて孝慈の関係で結ばれる」（兼愛上篇）と一国の安定を図ることができる。

その上で天の意志に従って天子が「ひたすら天下の価値基準統一を遂行した」（尚同上篇）ならば、国家の安定をもたらすことができる。ここでいう天の意思とは、「正義による政治」（天志上篇）である。それは、「強い者は弱い者を脅迫せず、身分の高い者は低い者に傲慢な態度を取らず、知恵者は愚鈍な者をだまさない」（天志上篇）ことである。

このような社会で、かつ為政者が「貨財を無駄に消費せず、民衆の生産能力も疲弊させずに新しく各分野で利益を興せ」（節用上篇）ば、人々が生産に励むことになり国内が豊かになる。逆に「人民を過重に使役し、重税を課せば、「人民が富の生産に励まなければ、たちまち生活物資は窮迫する」（非楽上篇）ことになり、国家全体が貧困となる。そうなると、人々の「蓄えは底をつき、凍死したり、餓死したりする者は、膨大な数にのぼる」（節用上篇）ことになる。その結果、他国に侵入し戦争となる場合も出てくる。

これらの議論は、兵法書中にも散見する。六韜には、国政の基本は「ただ民を愛することにつきる」（第三国務）とあり、具体的には、「生活を安定させて、害さぬこと、与えて奪うことなく、楽しませて苦しめないこと」（第三国務）であるとしている。戦争に勝つためにも「人民を恵愛」(第13八啓)する必要があり、「人民に災難がふりかかっている」(第13八啓)場合に、それを救済するために戦いを起こすべきであるとしている。三略も為政者は「まず人民を楽しませてその調和を図」(下略)ることが急務であるとしている。また、人々に降りかかる災難が戦争の原因となり得るとする六韜の記述に関して、兵家である呉子は、その原因の一つに飢饉をあげている(尾崎秀樹2005：28)。

3　儒教にみる貧困観と貧困への対応

史記によれば、孔子は、紀元前五五一年魯に生まれた。名は丘、字は仲尼である。司馬遷は、孔子世家の自序に「仲尼は礼と音楽の紀律が崩壊したことを悼しみ、経書の学問を修めて、王者の道をひろくし、乱れたる世を匡い、正しき世に反えそうとした。文章を見わして、天下のために法則をさだめ、六芸をもって後の世までの統紀とした」(小川環樹他訳1982：287)と記している。孔子の言行録の代表が論語である。また、大学と中庸は、朱子によって四書に位置づけられ、宋代以降、儒教の重要教典の一つとなっている。ただし、元々は礼記の一部であったと言われている。ここでは、論語、大学、中庸及び孝経から貧困観や貧困への対応をみていきたい。なお、論語の引用は、編名のみを記している。

コラム10　司馬遷の儒教評価

司馬遷が著した史記は、紀伝体によって構成されている。以後、中国の正史は、紀伝体によって書かれることが伝統となった。一般の歴史書は、編年体、つまり、歴史的事実を過去から順に記述していくが、紀伝体は、正当な政権つまり皇帝の記録を統治順に記述し、その後に、有力な家臣や民間人の伝記を置く。そうすることで、歴史が重層的に語られることになる。紀伝体の多くは皇帝の統治記録である紀とその他の人々の伝で構成されているが、史記は、その間に世家を置いている。ここには、周時代に封建された諸侯の歴代史が置かれているが、孔子の伝記は、この世家の末尾に置かれている。普通に考えれば、孔子は伝に置かれるべきであるが、あえて世家に置いたということは、漢にとって儒教が国家統治の基本原理であることを宣言したことを意味する。司馬遷は儒教が中国の統治原理であるばかりか、人々の倫理道徳の基本であることも明確にした。彼の予想は、ほとんどの歴代中国王朝が儒教を基本としていること、周辺にある朝鮮や日本も儒教を受容したことで証明されたといえる。

論語の中で、孔子は「貧と賤とは、これ人の憎む所なり」（理仁第四5）と述べているが、その状態については、ほとんどなにも語っていない。ただし、「貧にして怨む無きは難し」（憲問第十四10）と述べ、貧困が他者への憎悪を生むとしている。

貧困への対応は、為政者の義務である。政治とは「食を足らし、兵を足らし、民これを信ず」（顔淵第十二7）ることであり、「重んずるところは民、食、葬、祭。寛なれば即ち衆を得、信なれば即ち民任ず」（堯日第二十1）として、生活の安定と飢餓の回避を重視している。

具体的な政策としては、減税と殖産をあげている。不況の際には税金を半減することも提案している。「年饑えて用足らず。これを如何せん。なんぞ徹（十分の一税）せざらんや」（顔淵第十二9）と税率を十分の二から十分の一にすべきであると主張している。

給付については、濫給を、生産については、過剰な消費をいさめている。「財を生ずるに大道あり。これを生ずる者おおく、これを食らう者寡く、これをつくる者疾く（多くの意）、これを用いる者ゆるやか（少ないの意）なれば、即ち財は恒に足る」（大学第六章4）のである。「恵にして費やさず。民の利する所に因りてこれを利す。これまた恵にして費やさざるにあらざるや。労すべきを択んでこれを労せば、また誰をか怨みん」（堯日第二十2）。それは、為政者が仁や徳を持って政治にあたれば、民衆はそれを支持するからである。人々は、為政者が「孝慈もてすれば、即ち忠ならん」

（為政第二20）とする。なぜならば、「約（貧の意味）をもってこれを失う者は、すくな」（理仁第四23）く、多くの人は貧困からの脱却を為政者に期待するからである。

「千乗の国を導くには、事を敬して信、用を節して人を愛し」（学而第一5）、また、「政を為すには徳をもってす」（為政第二1）ることが重要である。儒教では、為政者に必要な徳目として仁・義・礼・智・信を数えるが、論語その他孔子の言行録と言われる書にはまとめて記述されてはいない。孔子の折々の言葉が、この五つの徳目に集約されていった。

民衆に対する為政者の姿勢は、一言で言えば、「それ恕《おもいやり》なり」（衛霊公第十五24）につきる。「忠恕は道を違えること遠からず」（中庸・第三章3）としている。つまり、「庶民を慈しむ」（中庸・第九章1）態度が重要なのである。これは、親に対する孝道に似ている。「親を敬う者は敢えて人を慢らず。愛・敬親に事うるに尽きて而して徳経百姓に加わり四海に刑る」（孝経・天子章）ことになる。

為政者が「徳あればここに人あり」（大学・第六章2）という状態になれば、「上、孤を恤みて而ち民そむかず」（大学・第六章1）という国家となる。仁と徳をもって民衆を救済するのであれば、それは聖人といえる。「もしひろく民に施してよく衆をすくう有らば、如何。仁と言うべきか。なんぞ仁を事とせん。必ずや聖か」（雍也第六30）と孔子は述べている。仁を行うには、一定の地位と経済力が必要となる。「節を制し度を謹めば満とも溢れず」（孝経・諸侯章）という態度、つまり、為政者が日常から贅沢をせず、規律を守れば財政は安定する。「然る後によくその社稷を保ち其の民人を和わしむ」（孝経・諸侯章）ことができる。

徳の基本原則は、孝ということがいえる。孝とは「天の経なり地の義なり民の行いなり。天地の経にして民是れ之に即る。以て天下を順む」（孝経・三才章）ものなのである。孝を基本とする為政者は、「敢えて鰥寡を侮らず」（孝経・孝治章）身寄りのない者を慈しんだとしている。

ところで、孔子は対策の限界にも触れている。先に見たように多くの人は貧困からの脱却を為政者に期待する。長く貧困状態にいれば、善なる人も不仁となり、他人に怨みを抱くようになる。そこで、「不仁者はもって久しく約（貧の意）におらしむべからず」（理仁第四２）という対策が必要となる。しかし、不仁者は、「もって長く楽（豊の意）におらしむべからず」（理仁第四２）とも述べている。善良でない人々に対しては、必要以上の給付や経済力の向上は、かえって社会不安になると考えているように見える。こうした考え方は、現在の最低生活保障政策について、いわゆる「ばらまき」や高い公的扶助水準への抵抗感に通じると思われる。

孔子は、清貧についても語っている。為政者が仁や徳による政治を行わず、その国が乱れているならば、清貧に生きることが好ましい。「邦に道ありて、貧にしてかつ賤しきは恥なり。邦に道なくして、富みかつ貴きは恥なり」（泰伯第八13）なのである。その場合、清貧とは、「疏食を飯い、水を飲み、肘を曲げてこれを枕とす。楽しみまた其の中に在り」（述而第七15）という境地である。弟子の顔回もそうした生き方をしている。「賢なるかな回や、一箪の食、一瓢の飲、陋巷に在り。人其の憂いに堪えず。回や其の楽しみを改めず」（雍也第六11）と孔子は弟子を称えている。儒教における清貧は、「貧にして諂うこと無く」（学而第一15）だけでなく「貧にして楽しむ」（学而第一15）境地であり、それは、精神を切磋琢磨することで到達する。

第3部　現代の貧困への対応の基盤としての宗教

第11章　貧困対応としてのソーシャルケースワークとキリスト教

貧困への対応は、三つの方法に大別できる。一つ目は、直接的な経済給付である。年金や失業給付は、貧困の予防（防貧）の目的で、対象者に直接金銭を給付する。また、公的扶助は、資産がなく収入が一定水準以下の個人又は世帯に経済給付を行う制度である。二つ目は、間接的な経済給付である。医療保険や介護保険は、医療や介護サービスを無料又は低廉な価額で対象者に提供することで防貧の機能を果たしている。また、公的扶助では、無料で医療や介護サービスを提供している。三つ目は、個人の尊厳や権利の擁護と生活の自立のための相談援助である。一般に社会福祉相談をソーシャルワークと呼ぶが、現代においてもソーシャルワークが宗教的基盤に立っていることを以下の章で確認したい。本章では、アメリカで発展したソーシャルワークがキリスト教の影響下で形成されてきたことを確認し、次章では、仏教を基盤とした場合の東洋的ソーシャルワーク原理の提示を試みたい。

1　ソーシャルワークの意味

社会福祉相談の専門職をケースワーカーまたはソーシャルワーカーと呼ぶことが多い。市役所の組織には必ず福祉事務所があるが、そこに勤務している職員は、ケースワーカーと自称している。市民も「ワーカーさん」と呼ぶことが多く、社会福祉の法制度上は、社会福祉主事もしくは生活保護現業員等であり、ワーカーという職名はないにもかかわらず、誰も何の違和感も持っていない。

ソーシャルワークは、もともと貧困の相談や定期的な訪問から始まった。ソーシャルワーカーの起源は、一八六九年ロンドンで創設された慈善組織協会（Charitable Organization Society　略称COS）の友愛訪問活動（Friendly Visiting）にあるといわれている。一八七七年にはアメリカにもCOSが設立され、友愛訪問の担当員は、徐々に専門職としての地位を獲得していった。日本では、一九一七年岡山県に済世顧問が置かれ、翌一九一八年大阪市に方面委員が置かれる。昭和に入り方面委員令によって制度化され、救護法の実施に際しては、実務を担うことになる。第二次世界大戦後、民生委員と改称され今日に至るが、方面委員は、早い時期から、自らの職務をケースワークとして認識し、ケースワーカーを自称していた。少し後の時代ではあるが、栃木県発行の「方面委員必携」には方面委員の特質の一つにケースワーク（個別工作）を挙げている（栃木県社会課1936：3）。

ソーシャルワークを直訳すると「社会の仕事」となる。これでは、ここでいう社会福祉援助や相談援助の意味にはならない。ところがソーシャルの訳語は、社会の他に社交もある。代表例はソーシャルダンスで、普通に社交ダンスと呼ばれている。

つまり、ソーシャルには、社会という人間の生活を取り囲んでいる環境という意味と、人と人をつなぐコミュニケーションの手段や場面という両方の意味があることになる。ソーシャルワークでいうソーシャルとは、この両方の意味が込められている。つまり、社会と人とをつなぐ、コミュニケーションを通じて人が社会参加をすることを支える仕事という意味になる。

2　ソーシャルワークの初期理論の中にみるキリスト教

アメリカの友愛訪問指導者であったリッチモンド（Richmond.M.E）は、ソーシャルワークについて、「おたがいに愛し合うという昔ながらのやり方」に「人間の心の働きに関する知識と社会資源に関する知識に愛情や親切を加える」ことで「一段と力が加わった新しい力」であると述べている（Richmond.M.E1922、杉本一義2007：17）。彼は、ヘレンケラーとサリバンの事例を取り上げているが、その中では、「愛と従順」を教えることと、社会的環境の調整における宗教教育が述べられている。後者についてはクリスマスのエピソードや当時高名なカトリック司教の講話のエピソードが綴られている（Richmond 1922、杉本一義2007：22-30）。ソーシャルワークの具体例としては、里親の選択条件が列挙されているが、その最後に「教会との関係」が挙げられている（Richmond 1922、杉本一義2007：52-53）。また、女子修道院、カトリック教会、メソジスト（プロテスタントの一派）教会の活用についてもふれている。

一九二三年に開催された全米ソーシャルワーク協会の会議は、ミルフォード会議として知られている。この会議の結果は、ミルフォード報告としてまとめられているが、その中で、ソーシャルワークの一般的定義と枠組みの構築がはじめて行われた。ソーシャルワークの対象は社会的逸脱による障害にある人であり、ケースワークのためには個別化が重要である。方法として面接の他、分析、関与、診断、観察等が挙げられており、社会資源として最初に教会（キリスト教会）が挙げられている。

コラム11　社会回勅とソーシャルワーク

ヨハネ・パウロ二世の回勅「新しい課題」は、十九世紀末にレオ十三世が出した「レールム・ノヴァルム」以後の一〇〇年を総括し、新たな社会問題に対応するカトリックの姿勢を明確にしたものであるが、同時に、一九八九年のいわゆるベルリンの壁崩壊以後の社会主義国家群の消滅を受けて、新たな秩序への態度を示したものでもある。

その中では、私的財産権の保障と公共財とりわけ自然環境の保全の調和や、民主主義、人権の擁護等が記されているが、後半部分では、社会的共通善と正義について述べている。社会的援助を必要とする人々、貧困、病気、高齢といった状態や薬物依存等まで広く援助を必要とする人々に対して、物質的支援や介護等の社会サービスだけでなく、兄弟愛的支えを行う人が必要だとしている。そうした支援者がいて、はじめて、社会的な排除や疎外が解消され「経済的、人間的発展の圏内に入ることができる」(John Paul II：116) のである。過去から現在まで、困窮に対する援助者は、「困窮や、社会の周辺にある人々のために献身した」(John Paul II：114-115) が、それは、新約聖書にある「わたしの兄弟であるこの最も小さい者の一人にしたのは、わたしにしてくれたことなのである」(マタイ25.40) を実現することであるとしている。ここにソーシャルワークの基盤がキリスト教にあることが明確に伝わってくる。

3　ソーシャルワーク原則と聖書との関係

バイステック (Biestek.F.P) が、一九五七年に公表した「ケースワーク原則」は、現在もソーシャルワークの基本原則として、社会福祉に携わるすべての人びとが尊重している。かれは、イエズス会に属する司祭 (Revernd) であり、彼の主張するソーシャルケースワークは、キリスト教に裏打ちされている。かれは、その著書を次のように締めくくっている。「ケースワーカーは、理想主義者としては、クライエント一人ひとりを天にまします父の貴い幼子として捉えようとする。(それ故) ケースワーカーは愛という動機をともなって、助けを求めるきょうだいを援助するために諸科学を使いこなす技能を獲得するよう努力しなければならない」（Biestek.F.P1957、尾崎新他2006：216）。

バイステックが提唱したケースワーク原則は、日本では相談の際のソーシャルワーカーの基本的態度、つまり相談技術の基本として捉えられていることが多いが、締めくくりの文にあるように、単に技術だけでなく、ソーシャルワークの規範と価値、つまり道徳性や倫理基準として重要な内容を含んでいる。以下では、「ケースワークの原則」（Biestek.F.P1957、尾崎新他2006）の記述に沿って、ソーシャルワークと聖書の関係について概観したい。なお、この著書からの引用については、著者等を省略し、翻訳書のページのみを示す。

序章では、ソーシャルワークは、相談者と対象者との人間関係の形成が基本となることが述べられ、「神の栄光の示現をどうみるかということさえ、人と神とのあいだにいかなる関係が形成されているかにかかっている」（5）としていて、「援助関係が魂に、そしてケースワークの諸過程が身体にたとえられてきたように、この二つは概念上区別されているにすぎず、実際は一体となって機能している。両方とも人間の相互作用の一種であり、両方ともある種のエネルギーのやりとりである」（29）と述べている（コリントⅠ 12.4-26）。新約聖書では、パウロは、「努めにはいろいろありますが、それをお与えになるのは同じ主です。体は一つでも、多くの部分からなり、体のすべての部分の数は多くても、体は一つである。一つの部分が苦しめば、すべての部分が共に苦しみ、一つの部分が尊ばれれば、すべての部分が共に喜ぶ」（コリントⅠ 12.4-26）と語っている。霊と身体の統一、キリスト教会の中での信者の関係性について言及しているこの箇所に、バイステックの記述は相応している。

さらに、後で述べる七原則中、第四原則・受容では、援助を求めている人について「たとえ、社会的な落伍者であっても、成功した人と全く同じように、神の形になぞられて創られた同じ人間である。また天にましますわれらの父から永遠の愛を受けた申し子であり、天国を受け継ぐものである」（115）と述べ、人間の固有の価値は「創造主である神がわれわれに与えたものであ」り、「ある人が経済的に失墜したり、さらに社会的に失敗したとしても」、成功した場合と同じように「増やされたり、減らされたりするものではない」(114)としている。イエスは、弟子たちに「これらの小さな者を一人でも軽んじないように気をつけなさい」(マタイ18.10)と命じている。バイステックは、司祭として、この言葉を実践しようとしている。

その上で、七つの原則を提示している。①クライエントを個人として捉える(個別化)、②クライエントの感情表現を大切にする(意図的な感情の表出)、③援助者は自分の感情を自覚して吟味する(統制された情緒的関与)、④受けとめる(受容)、⑤クライエントを一方的に非難しない(非審判的態度)、⑥クライエントの自己決定を促して尊重する(クライエントの自己決定)、⑦秘密を保持して信頼感を醸成する(秘密保持)。

彼は、これらは三つの方向からなる相互作用であり、「互いに独立したものではない。どれか一つが欠けても良い援助関係を形成することはできない」(28)と述べている。三つの方向とは、①「クライエントからケースワーカーに向けて基本的なニーズが感情となって発信される」(23)という来談者 → ケースワーカーという方向、②「クライエントの持っている基本的なニーズや感情を感知し、その意味を理解し、態度を通して、ワーカーの理解や反応をクライエントに伝える」(24)というケースワーカー → 来談者という方向、③「クライエントは、ケースワーカーが自分を尊重する態度をとろうとしてくれていると気づきはじめる。(つまり)ケースワーカーが自分の感情表現を歓迎しようとし、不安や恐れを感じ取り、理解しようとし、ワーカーが自分を受けとめ、非難することはないということなど」(25)といった来談者とケースワーカーの相互発信、相互作用をいう。共観福音書にみるイエスによる病人や障害者の癒やしの場面は、多くの場合、病人や障害者による「私を憐れんでください」というイエスへの訴え、イエスの「わたしにできると信じるか」という問いかけ、「はい(そうなると信じています)」という病人や障害者の反応を通じて、病気や障害の治癒、解消が行われている。福音書の素朴な信仰の表出が、ソーシャルワーク原則の基礎となり、キリスト教の信仰が理論の基盤となっている。

バイステックが、ソーシャルワークとキリスト教の関連を直接明示しているのは、七原則中三箇所である。「来談者を個人として捉える（個別化）」〈第一原則〉、と「秘密を保持して信頼感を醸成する（秘密保持）」〈第七原則〉では、イエスの命令や神の自然法とソーシャルワークを結びつけている。「クライエントを一方的に非難しない（非審判的態度）」（第五原則）では、旧約および新約聖書の聖句を直接引用している。

第一原則・個別化の冒頭では、バイステックは、イエスと弟子の関係について述べ、続けて、アッシジのフランチェスコその他の聖職者に言及している。フランチェスコは中世の聖人でフランチェスコ会修道院を創設した人物であり、その修道院は托鉢修道院の典型とされている。生涯清貧を貫き、当時のローマ法王に福音書の野の花の譬えを説教したと伝えられている。

フランチェスコやその後に現れた聖職者たちは、「あらゆる人を社会的存在と見なしたばかりでなく、一人の個人として捉えていた」(34)とバイステックは述べている。聖職者たちは「宗教的動機から隣人の身体と精神を救うべく努力をした」(34)のである。ここでは、キリスト教の中に素朴な形であれ、ソーシャルワークの原理とソーシャルワーカーの姿勢が存在することが示されている。ソーシャルワークの原点がキリスト教であると強く宣言している。

バイステックは、イエスが「弟子たちに隣人を愛する誓いを立てさせた。そして弟子たちが自分たちの愛を個々人の状況に合わせて与えることを望んだ」(33)と述べている。つまり、イエスが「弟子たちを愛したように、弟子たちが互いに愛し合い、また他人にも行うように命じた」(33)としているが、福音書には、このままの記述は見られない。中澤實郎は、ヨハネ福音書に由来するとの見解を示している（中澤實郎2006：6）。それは、「師であるわたしがあなた方の足を洗ったのであるから、あなたがたも互いに足を洗い合わなければならない」（ヨハネ13.14）というイエスの命令である。また、イエスは、最も重要な律法の一つとして「隣人を自分のように愛しなさい」（マタイ22.39/マルコ12.31/マタイ10.27）ということを挙げ、「敵を愛し、あなたがたを憎む者に親切にしなさい」（マタイ5.44/ルカ6.27）と命じている。

バイステックが述べているイエスの命令は、パウロを通して語られている。パウロは、「兄弟愛をもって互いに愛し合いなさい」（ローマ12.10）と勧め、「老人を自分の父親と思って、若い男は兄弟と思い、年老いた婦人は母親と思い、若い女性は常に姉妹と思って」（テモテI 5.1-2）接し、話をすることを命じている。信者同士の愛とそれぞれの状況に合わせた接触が語られている。

第七原則・秘密の保持の根拠をバイステックは、自然法に求めている。彼によれば、自然法とは、「明らかな形で示されている創造主の意志である」。それは、「愛する神が人間の心のなかに書き込んだものである。それは、人類に平和と発展、そして幸福をもたらす源泉なのである」（192）。自然法に定められた義務を果たす手段が基本的な権利であり、生きる権利と発達成長する権利の二つからなる。その中に所有の権利が含まれるが、秘密の保有もそれに該当する。「人間は、自分の所有物を扱うのと同じように、人は自分の秘密を保持し、それを合法的に取り扱い、あるいは処分する権利をもっている」（193）のである。そのため、「秘密をうち明けられた人が、うち明けた人の意志に反して、それを暴露するとすれば、その行為は窃盗と同じである」（194）ことになる。ソーシャルワーカー等が「合法的に知り得た秘密であったとしても、それを暴露することは正義を侵す」（194）ことになる。

アポクリファには、秘密の保持について「友人について、また敵について、何も語るな。人の秘密を明かすな」（シラ書19.8）と書かれている。親しい人だけでなく、自分と敵対する者であってもその秘密を明かすことが神によって禁じられている。

第五原則・非審判的態度の冒頭では、人が他の人を裁くことを禁じている聖書の箇所が示されている。旧約聖書からは「神に代わったつもりで論争するのか。そんなことで神にへつらおうというのか」（ヨブ13.8）という箇所が引用されている。この箇所は、友人たちがヨブに対して神の摂理を説いたことに対し、ヨブが神と直接話したいと反論する場面の一部である。神の代理人として友人が友人を諫めることをヨブは容認していない。この後、友人のヨブに対する態度について、「私の受けている辱めを誇張して論難しようとする」（ヨブ19.5）と嘆く。

新約聖書では、共観福音書から一箇所、使徒の手紙から二箇所引用されている。イエスは、山上の垂訓で「人を裁くな。あなたがたも裁かれないようにするためである」（マタイ7.1）と諭している。人を裁くと「自分の裁きで裁かれ」（マタイ7.2）るが、「人を罪人だと決め」つけなければ、「罪人だと決められることはない」（ルカ6.37）のである。パウロもイエスと同様に「互いに裁き合わないようにしよう」（ローマ14.13）と勧めている。彼は、弱い人の「考えを批判してはなりません」（ローマ13.1）とも述べている。ヤコブは、「律法を定め、裁きを行う方は、おひとりだけです」（ヤコブ4.12）と述べているが、これは、旧約聖書の士師記の記述を踏まえている。「審判者である主がイスラエルの人々とアンモンの人びとの間で裁いてくださる」（士師11.27）。ヤコブは続けて、「隣人を裁くあなたは、いったい何者なのですか」（ヤコブ4.12）と、審判的な態度を非難している。

バイステックは、審判的態度を「問題をかかえて援助を求めている状況に対して、クライエントに責任があるという非難を直接言葉で、あるいは無言で伝え、彼を一方的に問責すること」（142）と説明している。ブトゥリム（Butrym.Z.T）は、非審判的な態度を謙遜と呼んでいる。「この原則でとくに自制しようとしているのは、神の役割をとろうとする誘惑に対してだからである」（Butrym.Z.T1976、川田誉音2000：68）というブトゥリムの解釈は、バイステックが引用するヨブやヤコブが語ることと一致している。

ここで、七原則と聖書の語句の対比を試みてみたい。

バイステック7原則と聖書の語句
(前段＝新約聖書、後段＝旧約聖書・アポクリファ)

来談者の欲求	原則(ワーカーの反応)	聖書中の語句
一人の個人として迎えられたい	クライエントを個人として捉える(個別化)	「賜物にはいろいろありますが、それをお与えになるのは同じ霊です。努めはいろいろありますがそれをお与えになるのは同じ主です」(コリント12.4-5) 「若い娘の数は知れないが、私の鳩、清らかなおとめはただひとり。その母のただ一人の娘」(雅歌6.8-9)
感情を表現し解放したい	クライエントの感情表現を大切にする(意図的な感情の表出)	「今泣いている人々は、幸いである。あなたがたは笑うようになる」(ルカ6.21) 「私の目は休むことなく涙を流し続ける。主が天から見下ろし、目にとめてくださるときまで」(哀歌3.49-50)
共感的な反応を得たい	援助者は自分の感情を自覚して吟味する(統制された情緒的関与)	「笛を吹いたのに、踊ってくれなかった。葬式の歌をうたったのに悲しんでくれなかった。」(マタイ11.17) 「軽率なひと言が剣のように刺すこともある。智恵ある人の舌は癒やす」(箴言12.18)
価値ある人間として受けとめられたい	受けとめる(受容)	「空の鳥をよく見なさい。種も蒔かず、刈り入れもせず、倉に納めもしない。だがあなた方の天の父は鳥を養ってくださる。あなたがたは、鳥よりも価値のあるものではないか。」(マタイ6.26) 「主のもとに集って来た異邦人は言うな、主はご自分の民と私を区別される、と。」(イザヤ56.3)
一方的に非難されたくない	クライエントを一方的に非難しない(非審判的態度)	「神が清めた物を、清くないなどとあなたは言ってはならない。」(使徒言行録10.15) 「あなたは、慈しみ深く、真実な方。怒るに遅く、全てを治める憐れみ深い方」(智恵の書15.1)
問題解決を自分で選択し、決定したい	クライエントの自己決定を促して尊重する(クライエントの自己決定)	「必要なことはただ一つである。マリアは良い方を選んだ。それを取り上げてはならない」(ルカ10.42) 「主が初めに人間を創られたとき、十分で判断する力をお与えになった」(シラ15.14)
自分の秘密をきちんと守りたい	秘密を保持して信頼感を醸成する(秘密保持)	「秘められたもので、人に知られず、公にならないものはない。だから、どう聞くべきかに注意しなさい」(ルカ8.17-18) 「友人について、また敵について何も語るな。さもないとお前の話を聞いた人は、警戒し、遅かれ早かれ、お前を憎むようになる」(シラ19.8-9)

出典：「援助関係における相互作用」Bistek／尾崎新他『ケースワークの原則』P27より、筆者が一部加工・作成(聖句選択は筆者の責による)

第12章　仏教とソーシャルワーク

前章で見てきたようにソーシャルワークは、キリスト教を背景としているが、東アジアという仏教、儒教を基盤とする地域にあってもソーシャルワークは、貧困援助の方法として有効である。前に見たように、公的扶助担当者等、貧困への直接的な援助を行っている職にある人は、ほとんどケースワーカーと自称している。

東アジアにおいては、仏教や儒教がソーシャルワークと一定の関係を持っている。ケースワーカーは、仏教や儒教的観念を無意識にソーシャルワークに応用している。こうしたことを前提にして、東アジアの宗教思想とりわけ仏教的ソーシャルワークについてバイステックと対比しながら概観したい。

1　ソーシャルワーク原則と仏教と儒教

初期仏教では、人間は、はかなく、生に執着している存在である。人間は、「ああ短いかな、人の命よ。百歳に達せずして死す。たといそれよりも長く生きたとしても、また老衰のために死す」（経集第四・八つの詩句804）者であり、「執着したものを貪り、憂いと悲しみと慳みとを捨てることがない」（経集第四・八つの詩句809）存在である。「生存の快楽にとらわれている人は、解脱しがたい」（経集第四・八つの詩句773）。そのために輪廻の中で苦しむ。人間は、「災害であり、腫物であり、禍であり、病であり、矢であり、恐怖である」（経集・蛇の章51）存在であり、その結果、人々の「憂いと悲しみ、また苦しみはいろいろである」（感興語5.3）。そのため救済のための手段方法は、一人ひとり異なる。「彼が必要とする援助も、別のクライエントが求める援助と異なっている」（Blestek. F.P1957、尾崎新他2006：38）という認識は、洋の東西を問わず同じである。

また、イエスが「高ぶる者は低くされ、へりくだる者は高められる」（マタイ23.12）と語っているのと同じく、釈迦牟尼は、「自分が戒律や道徳を守っていると言いふらす人は、下劣な人である」（経集第四・八つの詩句782）と述べている。自分を高める人は、悲惨の中で妄執に取りつかれているのであるが、人びとが釈迦牟尼に救いを求めるのは、「自らの弱さや失敗にいくらか気がついている」（経集第四・八つの詩句118）が、自分自身では、それを解決できないからである。

悟りを開いた人は、こうした人びとに対して「『等しい』とか『すぐれている』とか、あるいは『劣っている』とかそれら三種に関して動揺しない」（経集第四・八つの詩句842）で、ありのままの人間をそのまま受けとめる。それは、バイステックが述べている「捨て子でも、アルコール依存者でも、富める人、完成されたパーソナリティを持つ者と全く同じように、人間としての尊厳と価値を持っている」（Blestek. F.P 1957、尾崎新他2006：38. 114-115〈一部省略〉）と共通する。

儒教をとりあげてみれば、論語の中で孔子のいう「力を為すや科を同じくせず」（八佾第三16）は、民衆に対する公課について個別の事情や能力に応じて行うことの必要性を説いていて「個別化」に通じるともいえよう。「君子の天下に於けるや、敵も無く、莫も無し。義、之を与に比す」（里仁第四10）は、他者と対するときに公平をむねとし、一方的に肯定したり否定したりしないとの意であるが、これは、「受容」や「非審判的態度」に類似した対応といえる。

2　法華経におけるソーシャルワークの関係性

法華経・常不軽菩薩品には、「私はあなた方を軽蔑いたしません。あなたがたは軽蔑されません」と誰にでも告げて歩く菩薩が描かれている。この菩薩は、だれでも菩薩行を行えば、「正しい悟りを得た尊敬されるべき如来となる」と説いている。はじめは警戒し、反感を持っていた人々も、ついには「広大な神通力の威力、説得する雄弁力の威力、智恵力の威力を見て、教えを聞くために、従うものと」なり、彼等を「正しい教えの白蓮」に導いた。

妙音菩薩品には、法華経を伝えるにあたって相手に合わせて多くの姿に変化する菩薩が描かれている。「ある場合にはブラフマー神の姿で、ある場合にはシャクラの姿で」現れ、「ある場合には城主の姿で、ある場合には隊商の長の姿で」現れた。また、女性となって現れる。「ある場合には、商隊長の妻の姿で、ある場合には町の人の妻の姿で」現れ、さらには、「後宮のまんなかにいる衆生たちにまでも、女性の化作をして」現れている。また、この世だけで無く、「地獄、畜生道」や「不幸な世界に生まれた衆生までも」救うために法華経を説いている。

観世音菩薩普門品では、観音菩薩は「多くの苦しみに悶える衆生たちを見て、知力の清浄な観世音は明らかに観察して」救済を行うと書かれている。それによって「不遇な境涯や悪しき境涯への恐怖を抱いたり、地獄、畜生道、ヤマの支配のもとにいたり、生、老、病によって苦しめられている生命あるものたち」の恐怖や苦痛が消えるとしている。旧約聖書の詩篇にある「神は私たちの避けどころ、私たちの砦」（詩篇46.1）と同様に観音は、「保護者となり、避難所となり、最後のよりどころとなる」のである。

方便品では、「高慢で、人を欺き、心がひねくれ、欺瞞的」な人々の救済は困難ではあるが、衆生たちの「志向を知り、意欲を知るなどしてのち、方便を用いて」仏陀や菩薩たちは法を説くとしている。それによって、「心は鎮まり、訓練され、教導され」て、安心な生活を得ることができる。

ここから、ソーシャルワークにおけるワーカーと来談者の関係を導き出すことができうる。ワーカーは来談者に、まず「私はあなたを受け入れます。あなたがどのような問題を抱えていても、あなた自身を尊重します」という暖かい言葉をかける。来談者は、最初は警戒していても、ワーカーの働きかけによって、内心の思いを打ち明けることができるようになる。ワーカーは、来談者の立場や、抱えている問題、生活環境等を注意深く聴き取り、また観察して、それから、問題解決について方針を決定する。それを、来談者の経験、能力、感情等に配慮して示す。ワーカーの提案を受け入れるかどうかの決定は、来談者が行うが、ワーカーの方針が納得できれば、受け入れることは容易であろう。これは、インフォームドコンセントと同様のワーカーから来談者への方法の説明と納得による受け入れである。最終的に、ワーカーと来談者の関係の中で、解決が図られる。

バイステックの原則が、法華経の章句とも対応している。常不軽菩薩や妙音菩薩の章や方便品からは、個別化の原則が導き出される。常不軽菩薩や観音菩薩の章からは、感情の意図的な表出や非審判的態度、受容が導き出される。常不軽菩薩の章の末尾や方便品からは、自己決定の尊重が導き出される。

譬喩品の火宅の挿話は、釈迦牟尼がどのように救済を行うのかについて、またその際の方便について語っている。火宅つまり燃えさかる家の中にいる子ども達は、それに気がつかない。それに気がついた父親は、家の外に子どもが楽しめる乗物を用意して子ども達に呼びかける。子ども達は、外に出て乗物に乗り、無事に避難することができた。

「人々は、生・老・病・死・愁苦・悲嘆・苦悩・憂悩・惑乱」のなかでさいなまれている。人間として生まれてきても「貧窮であったり、好ましからぬものに会ったり、いとしきものと別れたりする」そして「燃えている家（火宅）のような三界において」どうしようも無く生きている。如来は、「これらの衆生を、このような大きな苦の塊りから解脱させねばならない」と決意する。「これらの衆生たちが喜々として遊んだり、楽しんだり、遊戯したりすることができるように」しようと考える。それには、教え諭す方法を熟慮しなければならない。「もし適切な方法によらないで、これらの衆生たちに如来の知力やおそれなき自信などを教え聞かせたとしても」、火宅にいる人々はそれに気づかず、救済されないであろう。如来は、苦悩の「炎に包まれた家にも似た三界から衆生たちを逃れさせるために、三つの乗物を」、人々の悟りに至る状態に応じて用意した。

この譬えは、そのままソーシャルワーカーの態度に通じる。来談者の抱える苦悩や問題は、様々である。それに対して、来談者個々の事情に合わせて、ワーカーは、必要な社会資源を提供し、問題解決のための手段を講じる。ワーカーの対応は、誰にでも同じということはありえない。個々の問題が、それぞれ異なるように、解決方法もそれぞれ個別に提示される必要がある。「そこには、もろもろに力や禅定や解脱があり、また幾百・コーティもの多くの三昧がある」(譬喩品93) とあるように、ソーシャルワーカーは、多彩な方法、手段で貧困とそれに伴う多くの問題を解決しようとする。ただし、方向は一定である。火宅の喩えにある、最も良い乗物は三乗しかないのと同様に、ソーシャルワークの方向も一定である必要がある。それは、来談者の真の利益を実現するということである。表面的な訴えの後ろには、話せないことや、来談者が意識していない潜在している問題がある。それをくみ取り、明らかにして、来談者の生活がよりよいものとなるよう援助する姿勢がワーカーに求められる。

3　菩薩行を基礎とするソーシャルワーク原則

ソーシャルワークの原則を菩薩行に求めることは、仏教における救済、つまり菩薩行の現代的展開といえる。ここでは、十地経における菩薩行から仏教ソーシャルワークの基本原理の抽出を試みたい。

序章では、菩薩とは何かが述べられている。菩薩は、すべての衆生を成熟させることを願っている。いかなる時代、いかなる場所においても衆生を救済することを第一の目標としている。菩薩は、徳があり、知恵があり、神通力がある。それをもとにすべての衆生の生活の糧になろうとしている。平等の精神をもって、衆生に語りかける。菩薩は、こうした観念と行為を通じてあらゆる人々の苦悩を消滅させる。地獄や畜生道も含めたあらゆる世界に光を満ちあふれさせ、功徳を施す。このような菩薩は慈愛に満ち、憐れみの心があふれている。

菩薩は、限りない慈悲深さを持ち、衆生の心根の奥底まで理解している。また衆生の救済のために巧みな方便を用いる（序章三）。菩薩は柔和であり、細やかな愛情をもって喜捨を行う（第1章一六）。人々に対し布施を行い、やさしく話しかける（愛語）（第1章一八）。ことでそれによってあらゆる不安、心配や恐怖が消し去られる（序章八）。

菩薩は、人々がこうなればよいのにという理想を常に持っている。それを実現するために愛情、憐憫、仁恕の心を持ちやさしく導き、見守り、時には教育し、指導する（第2章十）。こうした行為を実行するために、やむにやまれない気持ちで猛然と奮闘する（第3章二十二）。菩薩のこうした思考や行為は、仏恩に感謝し、諸仏を礼拝し、悟りに至る修行を行う中で培われる（第4章十七、十九）。

菩薩は、あらゆる存在は平等であるという深い悟り（如性）をもって（第6章十二）、衆生の苦悩や迷いをみる。すべての衆生に限りない関心をよせ、あらゆる種類の苦悩や迷いが限りない過去、未来にどのように存在するのかをつぶさに観察（観照）する（第5章十九）。その苦悩を取り除くためにさまざまな善い行いをする（第5章二十二）。衆生を涅槃に導くために、経済的支援を行い仏教の基本を教える（布施）。やさしく語りかける（愛語）。善い技を行う（善行）。美しい姿を見せる（色身）。またさまざまな方法や働き掛け（方便）によって衆生を成熟させ、涅槃に導く（第5章二十三）。

菩薩は人々の為に働き、そのための知識を得ることで、自由自在となる。心のあり方、善悪の業、迷いの存在についても自在な存在となる（第8章二十八）。それによって衆生に恵みをもたらすために、最もふさわしい働き方が自ずから生じてくる。

菩提行経では、菩薩は、「病人のためには薬であり、また医師でありたい。また看護人でありたい。飢えと渇きを滅ぼしたい。貧窮なる人々のためには不滅の財宝となりたい」（第三7～9）と願う。また、「灯火を求めている人々には灯火にとなり、寝台を求めている人々のためには寝台となり」（第三18）、そのためには、財産も、これまでの経歴も、体さえも捨てても惜しくはない（喜捨）と誓う。すべての「生けるものどもの偉大性は、等しい。生けるものの偉大性とは、慈しみの心が尊敬されるべきであるということである」（第六114～115）。「全世界は慈悲そのものである」（第六126）から、「それぞれの主たちに対して高慢になり、召し使いとはならないということがあろうか」（第六121）と生命の平等性を強く訴える。そのため、菩薩は、自分も他人も平等の価値がある（自他不二）として、「間接に、または直接に、生ける者の利益となることを行うべきである。それ以外のことを行ってはいけない」（第五101）と命じられる。

このように菩薩行の中にも法華経中と同様に聖書に基づいたバイステックの原則と類似する基本的な原理やワーカーの倫理が浮かび上がってくる。最後に、それを簡単にまとめ、できるだけ、漢訳仏典の用語を対応させることを試みたい。

①　存在の平等性（自他不二）
人間の価値を生命という観点からのみ推し量り、生きるという価値に優劣を付けない。
②　公平な態度（金剛平等、救一切）
すべての人々の苦悩や迷いを差別なく受けとめ、解消するための助力を惜しまない。
③　個別的な対応（方便、善行）
一人ひとりの苦悩や迷いについて、方便をもって解決し、救済する。
④　語りかけ（愛語）
人々が心から安心するようにやさしく語りかける。
⑤　受けとめ（観照と慈悲）
人々の悩みや迷いをそのまま受けとめ、非難しない。
⑥　秘密を守る（機密）
頼ってきた人々の悩みや迷いを他に漏らすことをせず、自身で解決する。
⑦　不利益行為の禁止（喜捨、無私、利他）
人々の利益を優先し、自分の利益を図らない。
⑧　常に研鑽する（三昧）
救済のための智恵や方法を身につける。

コラム12　朝三暮四の勧め

荘子に朝三暮四の話がある。主人が猿に木の実を朝四つ、夕方三つやるというと猿たちは怒った。そこで朝三つ、夕方四つとしたところ納得したという挿話である。荘子は、この話を人間の愚かさの譬えとしているが、ソーシャルワークの視点でこの話を読みかえすと、全く違う事柄が浮かび上がる。

日本人の多くは夏冬ボーナスをもらうが、この場合、夏冬同額よりも、冬の方が多少とも多い方を喜ぶ。また、ボーナスも含めて年俸制として、毎月同額を受け取るよりも、毎月の給与を少なくして一定期間経過後に賞与等一時金として受け取る方を好む。つまり、同じ経済的給付であっても、均等であるよりも、一時的な増額、それも後期の方が多くなる方法を好む傾向にあるといえる。

ソーシャルワークとしてこの話をみると、来談者が抱える問題について、同じような困難に同じような提案するとしても、その人の感覚や置かれている環境を勘案すると、社会資源が提供するサービスの総量は変わりなくとも、その配分を、個々に異なるよう行うことが多い。つまり、按配が重要となる。そうした視点からは、朝三暮四を方便として活用することがワーカーの力量、技術のひとつといいうる。ただし、あくまでも、来談者の状況によってのみ案分すべきであって、安易な方法として行うことは慎まなければならない。

おわりに

旧約から新約というキリスト教でいう福音では、ユダヤ人（イスラエル）という世界の中の一つの部分だけの救済から、世界の人々すべての救済へと対象が拡大している。それにともなって、キリスト教は、地中海世界全体に広がっていった。同じように仏教においてもサンガや部派仏教による個人の解脱（独覚）から大乗仏教の菩薩行の展開等、衆生の救済へと拡大している。それにつれて仏教は、中国、朝鮮、日本にまで信仰が広がっていった。儒教もまた同様で、孔子自身が意識したかどうかに関わりなく、士大夫の倫理から漢民族すべての倫理、さらには夷狄と言われた周辺民族にも共通する倫理・規範として東アジア全体に広がっていった。

資本主義の発展によって、グローバルニズムといわれるように多くの国の経済は均一化していき、また、先進国では社会保障、社会福祉や教育は、公共政策の重要な部門となっている。それにもかかわらず、実際の制度やその運用は各国ごとに全く違った様相を見せている。国や地域による風俗、習慣の違いが、法や制度にも現れている。その底流には、宗教や思考形式がある。ここでは、貧困という視点でのみ、宗教の異同を見てきたが、相違点が多いにもかかわらず、基盤は驚くほど類似していることもわかった。彼我の違いと類似を見つめ直すきっかけとなるのであれば、この小文も著述した意味はあろう。

二〇一一年の東日本大震災の影に隠れてしまったが、貧しいまたは、親と離れて寂しい思いをしている小学校新入学生徒にランドセルを送るという運動が起きている。伊達直人運動と名付けられているが、この名前は、かなり以前に子ども達に絶大な支持を得ていた劇画「タイガーマスク」の主人公の名である。彼は、児童養護施設の出身で、その施設を援助するために、マスクをしたレスラーとして活動していた。最期には、ある少年をかばって事故死する。主人公の行動は、三昧経や菩提行経にいう菩薩行そのままの行動といえる。また、彼の行為の動機は、親代わりに育ててくれた施設への恩返しである。本来は、親に孝を尽くすべきであるが、それがかなわないため、親同然の人への孝として援助を行っている。それは、孝経の教えそのままともいえる。

劇画の主人公の名を借りて善意の行為を行う。匿名の寄付は、キリスト教的な慈善行為であるが、タイガーマスクの主人公の行動をまねたことは、仏教や儒教的な行為ともいえよう。最初の匿名の寄付者がどのような意図を持っていたのかは計り知れないが、伊達直人という名前自体に共感した人々が多く出現したということは、現代日本の特徴といわれる無宗教の風潮の中にも仏教的、儒教的な体質がまだ残っている現れであろう。

大震災後、「絆」という語が復興や支援のキーワードになっている。まさに、「子も救うことができない。父も親戚もまた救うことができない。死にとらわれた者を、親族もすくいえる能力が無い」（発句経288）という大惨事にあって、「あたかも、母が独り子を命をかけて護るように、その一切の生きとし生けるものどもに対して無料の慈しみの心を起こすべし」（経集149）という経典の句、また、「死や苦しみや災難にさいし、保護者となり、避難所となり、最後のよりどころとなる」（法華経・観世音菩薩品25）という句を実践することが、絆の本質であることを多くの人々が感じ取ったのであろう。

聖書や経典は現在と関わりが無いと考えている人も多くいるが、歴史的に形成された人々の感覚や思想底流に更に措くには、素朴な宗教観が根付いている。この小文は、そうしたことを筆者が再確認するためにつづったものである。

この小文の最後にソーシャルワークについて触れたが、バイステックは、傾聴について原則を打ち立ててはいるが、説得や語りかけについてはほとんど触れていない。キリスト教においては、語りかけるのは神であり、イエスであり、またはその代理者としての預言者や使徒である。人々は、神に訴える存在であり、神の言葉を聞く存在である。「主よ、お話し下さい。僕は聞いております」（サムエル上3.9/3.10）という態度が人々の姿勢であった。ソーシャルワーカーは、神の愛を地上で実現する存在ではあるが、同時に人間として神の言葉を聞く存在でもある。こうした人間という存在に対する宗教的要請が、傾聴を重視した原則となったといえるかも知れない。日本の社会福祉教育も、ソーシャルワーク技術は、傾聴が基本であり、コミュニケーションの重要な技術としての話す、説得するといった技術は、重視されているようには思えない。

仏教を基本としたソーシャルワーク原則の試論のなかにあえて愛語（やさしく語りかける）を入れたのは、こうした傾聴に重点を置いたソーシャルワークから、聞く―話すという双方向的なコミュニケーションを基本とした技術の提起を念頭に置いたからである。これが、現代日本に適した相談援助のあり方の議論のきっかけになれば幸いである。

最後に、著述のきっかけを与えて下さった大阪大学大学院言語文化研究科杉田米行准教授と、大幅な遅筆にもかかわらず、寛容に接して頂いた大学教育出版編集部の方に多大な感謝の意を表したい。

二〇一二年八月

著　者

◆参考文献◆

1 キリスト教関係

共同訳聖書実行委員会『聖書 新共同訳—旧約聖書続編つき』日本聖書教会 一九八八
秋山憲兄監修『新共同訳聖書 コンコルダンス』新教出版社 二〇〇一
Musset.J "Le livere de la bible L'ancien testament" 1985、船本弘毅監修・田辺希久子訳『旧約聖書ものがたり』創元社 二〇〇六
Musset.J. "Le livere de la Bible Le Nouveau Testament" 1987、船本弘毅監修・田辺希久子訳『新約聖書ものがたり』創元社 二〇〇四
中央出版社編『教会の社会教書』サンパウロ 一九九一
John Paul II "Centesimus Annus (Of the Supreme Pontiff)" 1991、イエズス会社会司牧センター訳『新しい課題—教会と社会の百年をふりかえって』カトリック中央協議会 一九九一
Nell-Breuning.O. "Gerechtigkeit unt freiheit" 1986、品田豊治監修・社会問題シリーズ刊行委員会訳『正義と自由 カトリック社会要論』上智大学事業団出版部 一九八七
稲垣良典『現代カトリシズムの思想』岩波書店 一九七一
中澤實郎『キリスト教社会福祉の神学』弘前学院大学 二〇〇六
竹下節子『聖母マリア〈異端〉から〈女王〉へ』講談社 一九九八

2 仏教関係

長尾雅人・戸崎宏正訳『般若部教典 大乗仏典①』中央公論新社 二〇〇一
梶山雄一訳『八千頌般若経Ⅰ 大乗仏典②』中央公論新社 二〇〇一
梶山雄一・丹治昭義訳『八千頌般若経Ⅱ 大乗仏典③』中央公論新社 二〇〇一
松濤誠廉・長尾雅人・丹治昭義訳『法華経Ⅰ 大乗仏典④』中央公論新社 二〇〇一
松濤誠廉・長尾雅人・丹治昭義訳『法華経Ⅱ 大乗仏典⑤』中央公論新社 二〇〇二

山口益・桜部建・森三樹三郎訳『浄土三部経　大乗仏典⑥』中央公論新社　二〇〇二
長尾雅人・丹治昭義訳『維摩経・首楞厳三昧経　大乗仏典⑦』中央公論新社　二〇〇二
荒巻典俊訳『十地経　大乗仏典⑧』中央公論新社　二〇〇三
長尾雅人・桜部建訳『宝積部経典　大乗仏典⑨』中央公論新社　二〇〇三
田村智淳訳『三昧王経Ⅰ　大乗仏典⑩』中央公論新社　二〇〇三
田村智淳・一郷正道訳『三昧王経Ⅱ　大乗仏典⑪』中央公論新社　二〇〇四
高橋直道訳『如来蔵系経典　大乗仏典⑫』中央公論新社　二〇〇四
原実『ブッダ・チャリタ　大乗仏典⑬』中央公論新社　二〇〇四
梶山雄一・瓜生津隆真訳『龍樹論集　大乗仏典⑭』中央公論新社　二〇〇四
長尾雅人・梶山雄一・荒巻典俊訳『世親論集　大乗仏典⑮』中央公論新社　二〇〇五
中村元『般若経典　現代語訳大乗仏典1』東京書籍　二〇〇三
中村元『法華経　現代語訳大乗仏典2』東京書籍　二〇〇三
中村元『維摩経・勝鬘経　現代語訳大乗仏典3』東京書籍　二〇〇三
中村元『浄土経典　現代語訳大乗仏典4ｖ東京書籍　二〇〇三
中村元『華厳経・楞伽経　現代語訳大乗仏典5』東京書籍　二〇〇三
中村元『密教経典・他　現代語訳大乗仏典6』東京書籍　二〇〇四
中村元『論書・他　現代語訳大乗仏典7』東京書籍　二〇〇四
中村元『ブッダのことば　スッタニパータ』岩波書店　二〇〇八
中村元『ブッダの真理のことば・感興のことば』岩波書店　二〇一一
中村元・三枝充悳『バウッダ［佛教］』講談社　二〇〇九
宮坂宥勝訳注『密教経典』講談社　二〇一一
芹沢博道『環境・福祉・経済倫理と仏教』ミネルヴァ書房　二〇〇二
源為憲『三宝絵』九八四、出雲路修校注『三宝絵　平安時代仏教説話集』平凡社　二〇〇八

西田耕三校訂「諸仏感応見好記」『仏教説話集成』（一）国書刊行会　一九九〇

3　諸子百家・儒教

蜂屋邦夫訳注『老子』岩波書店　二〇〇九
福永光司『荘子内編』講談社　二〇一一
尾崎秀樹訳『呉子』中央公論新社　二〇〇五
浅野裕一『墨子』講談社　二〇〇一
町田三郎訳注『韓非子　上』中央公論社　一九九二
町田三郎訳注『韓非子　下』中央公論社　一九九二
林富士馬訳『六韜』中央公論社　二〇〇五
眞鍋呉夫訳『三略』中央公論社　二〇〇四
加地伸行全訳注『論語』講談社　二〇〇四
金谷治訳注『大学・中庸』岩波書店　二〇一〇
加地伸行全訳注『孝経』講談社　二〇〇七
司馬遷『史記　孔子世家』小川環樹・今鷹真・福島吉彦訳『史記世家　中』岩波書店　一九九一
荻生徂徠『政談』一七二二、辻達也校注『政談』岩波書店　二〇〇八
山鹿素行『山鹿語類』一六六五、廣瀬豊編『山鹿語類1　山鹿素行全集思想編第四巻』岩波書店　一九四一

4　歴史・哲学等

黒板勝美編『日本書紀　下』岩波書店　1943／一穂社　二〇〇四（復刻版）
宇治谷孟『続日本紀（上）全現代語訳』講談社　二〇〇六
宇治谷孟『続日本紀（中）全現代語訳』講談社　二〇〇五
司馬遷／小竹文夫・小竹武夫訳『史記Ⅰ　本紀』筑摩書房　一九九五

班固／小竹武夫訳『漢書１　帝紀』筑摩書房　一九九七
三笠宮崇仁編『古代オリエントの生活　生活の世界歴史１』河出書房新社　一九九一
アリストテレス／高田三郎訳『ニコマコス倫理学（上）』岩波書店　一九九一
アリストテレス／高田三郎訳『ニコマコス倫理学（下）』岩波書店　一九九三
アリストテレス／田中美知太郎・北嶋美幸・尼ヶ崎徳一・松居正俊・津村寛二訳『政治学』中央公論新社　二〇〇九
Weber.M, “Das antike Judentum” 1920、内田芳明『古代ユダヤ教　上』岩波書店　一九九七
阿部謹也『ハーメルンの笛吹き男』筑摩書房　一九八八
阿部謹也『中世を旅する人びと』筑摩書房　二〇〇八
Pety.W, “A Treatise of Taxes and Contributions” 1662、大内兵衛・松川七郎記『租税貢納論』岩波書店　一九六九
Pety.W, “Political Arithmetick” 1690、大内兵衛・松川七郎訳『政治算術』岩波書店　一九七一
吉田久一『社会福祉と日本の宗教思想　仏教・儒教／キリスト教の福祉思想』勁草書房　二〇〇三
阿部志郎・河幹夫『人と社会　福祉の心と哲学の丘』中央法規出版　二〇〇八

5　その他

栃木県社会課『方面委員必携』一九三六
OECD “Society at a Glance” 2006、高木郁郎監訳・麻生裕子訳『図表でみる世界の社会　問題２』明石書店　二〇〇八
OECD “OECD Factbook” 2009、（株）トリフォリオ訳『図表で見る世界の主要統計OECD　ファクトブック（二〇〇九年版）』明石書店　二〇一〇
長谷部史彦編著『中世環地中海世界の救貧』慶應義塾大学出版会　二〇〇四
岩田正美『現代の貧困　ワーキングプア／ホームレス／生活保護』筑摩書房　二〇〇七
生田武志『貧困を考えよう』岩波書店　二〇〇九
Lister.R, “Poverty” 2004、松本伊智朗監訳・立木勝訳『貧困とは何か　概念・言説・ポリティクス』明石書店　二〇一一
Beaudoin.S.M, “Poverty in World History” 2007、伊藤茂訳『貧困の救いかた　貧しさと救済をめぐる世界史』

Richmond.M.E “What is Social Case Work” 1922、杉本一義訳『人間の発見と形成　人生福祉学の萌芽』出版館ブッククラブ　二〇〇七

National Association of Social workers “Social Case Work” 1929／1974、竹内一夫・清水　隆則・小田兼三訳『ソーシャル／ケースワーク　ジェネリックとスペフィック―ミルフォード会議報告―』相川書房　一九九七

Biestek.F.P. “The Casework Relationship” 1957、尾崎新・福田俊子・原田和幸訳『ケースワークの原則　援助関係を形成する技法〔新訳改訂版〕』誠信書房　二〇〇六

Sen.A. “Commodities and Capabilities” 1988、鈴村興太郎訳『福祉の経座学　財と潜在能力』岩波書店　二〇〇一

Butrym.Z.T “The Nature of Social Work” 1976、川田誉音訳『ソーシャルワークとは何か』川島書店　二〇〇〇

シリーズ監修者

杉田《すぎた》　米行《よねゆき》　大阪大学言語文化研究科准教授

著者紹介

増山　道康（ますやま　みちやす）

公立大学法人青森県立保健大学健康科学部社会福祉学科准教授
桜美林大学大学院国際学研究科博士後期課程満期退学
修士（国際学）

主な著書

『高校生も分かる社会保障』（共著、青山ライフ出版、2012）、「みきの会と私」（日本福祉文化学会『福祉文化実践報告集』Vol.4、2010）、「自立支援法が小規模作業所等の経営に与える影響」『青森県立保健大学雑誌』第９巻第１号

ASシリーズ 第６巻

社会保障の源流を探る
——教典に描かれた貧困観と貧困への対応——

2012年10月20日　初版第１刷発行

■著　　者—— 増山道康
■発 行 者—— 佐藤　守
■発 行 所—— 株式会社 大学教育出版
〒700－0953　岡山市南区西市855－4
電話(086)244－1268(代)　FAX(086)246－0294
■印刷製本—— サンコー印刷(株)

ISBN978－4－86429－176－7